FENÊTRES SUR LES ÎLES

MAISONS DES ÎLES DE LA MADELEINE

PHOTOGRAPHIES PAR GEORGE FISCHER

TEXTES DE POL CHANTRAINE

NIMBUS
PUBLISHING

Nimbus Publishing Limited
C.P. Box 9166
Halifax (N.-É.) B3K 5M8
(902) 455-4286

Graphisme: Kate Westphal, Graphic Detail, Charlottetown, Î.-P.-É
Imprimé et relié au Canada

Catalogage avant publication de la Bibliothèque nationale du Canada

Fischer, George, 1954-
Fenêtres sur les Îles : maisons des Îles de la Madeleine / photographies par George Fischer ; textes de Pol Chantraine.
ISBN 1-55109-446-0

1. Îles-de-la-Madeleine (Québec)—Ouvrages illustrés.
2. Habitations—Québec (Province)—Îles-de-la-Madeleine—Ouvrages illustrés. 3. Îles-de-la-Madeleine (Québec)
4. Habitations—Québec (Province)—Îles-de-la-Madeleine.
5. Acadiens—Histoire. I. Chantraine, Pol, 1944- II. Titre.

FC2945.I45F575 2003 917.14'797'00222 C2003-900255-1
F1054.I45F575 2003

Canada

The Canada Council for the Arts | Le Conseil des Arts du Canada

Nous remercions le gouvernement du Canada qui, par le biais de son programme au développement de l'industrie de l'édition (PADIÉ) et le Counseil des Arts du Canada, nous a accordé son soutien financier.

Remerciements:

J'aimerais remercier les Madelinots et Madeliniennes qui m'ont si gentiment accueilli dans leur maison (souvent à des heures impossibles) afin que je puisse faire profiter au monde de la vue superbe qu'ils ont sur les plages, les falaises, les phares et la mer. Merci également à mon bon ami Claude Richard qui m'a « ouvert les portes » de certaines maisons et m'a fait profiter de ses talents de « directeur artistique ».

Couverture verso : photo de George Fischer par Carmen Boudreau

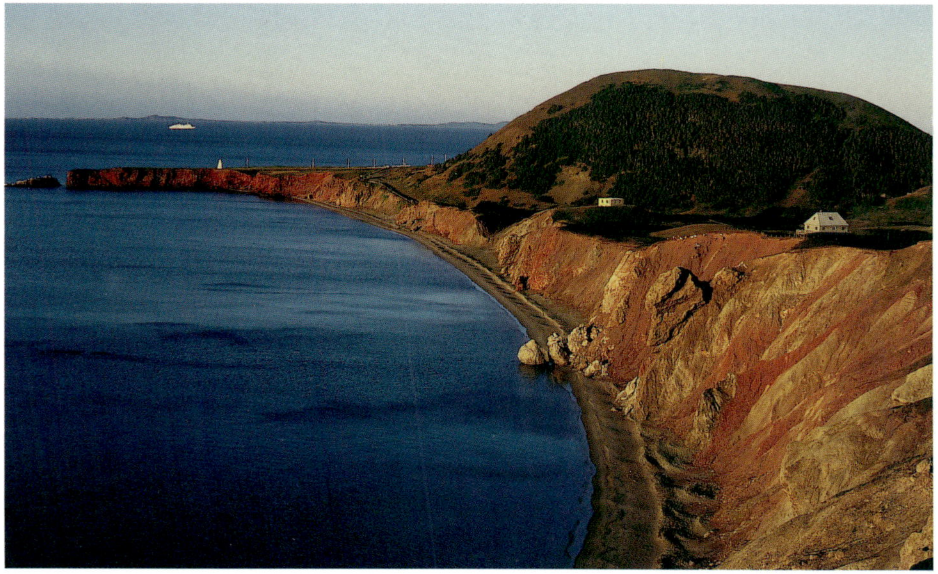

À Jean Lepage et Devora Resnick –
comme moi, des amoureux des Îles de la Madeleine

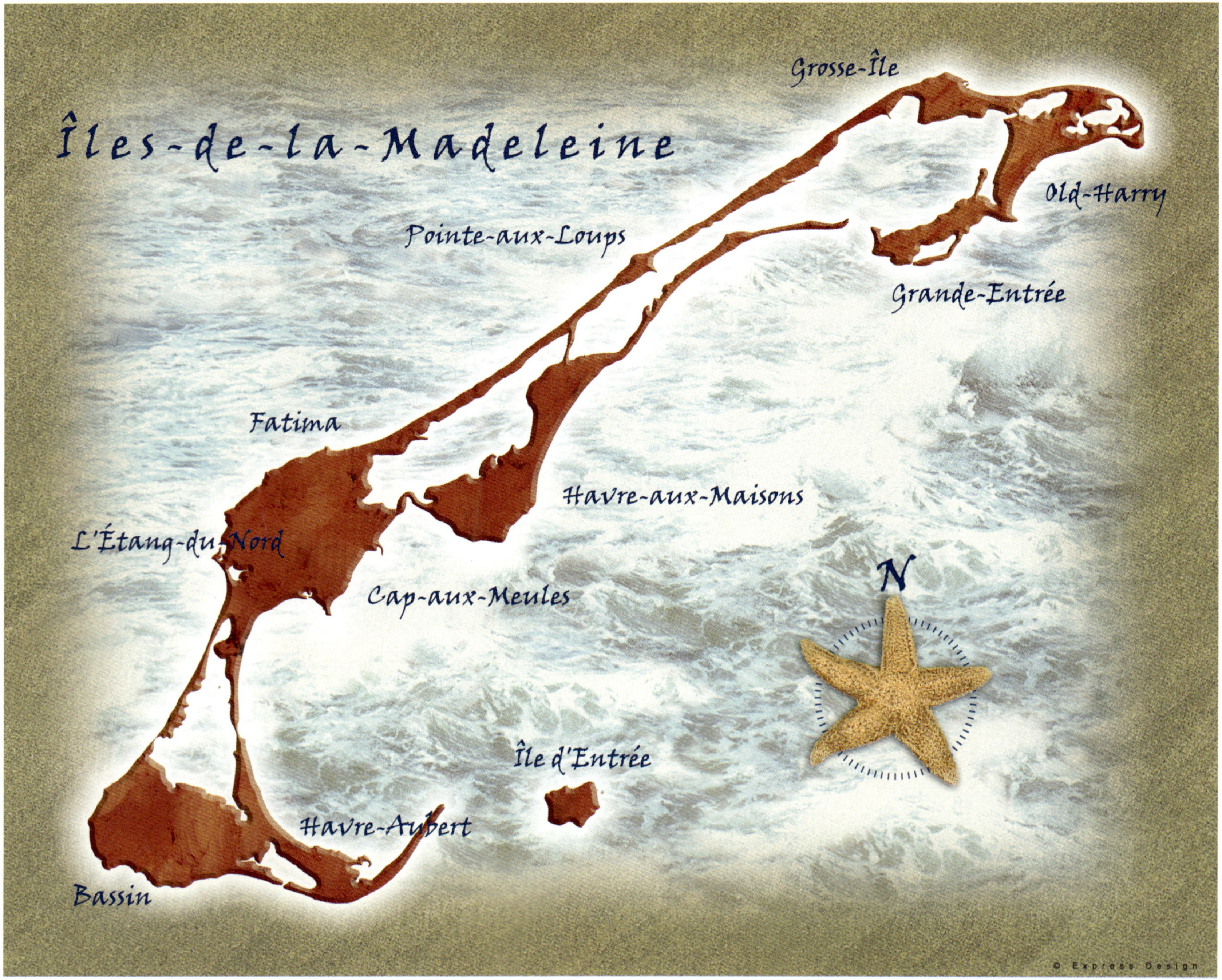
Îles-de-la-Madeleine
Grosse-Île
Old-Harry
Pointe-aux-Loups
Grande-Entrée
Fatima
Havre-aux-Maisons
L'Étang-du-Nord
Cap-aux-Meules
N
Île d'Entrée
Havre-Aubert
Bassin
© Express Design

Au début il n'y avait rien, que les arbres, la plage et la mer: des îles dans leur virginité; de loin, un florilège de sirènes au chant séducteur ondulant leurs formes vertes par dessus le rubis des falaises et le chaînon d'or des dunes.

C'est dans cet état primal où l'imparfaite création les avaient pour ainsi dire naufragées au milieu du Golfe du Saint-Laurent qu'elles excitèrent la convoitise du contre-amiral Coffin, de retour de triste guerre, qui aussitôt en demanda la tutelle à lord Dorchester.

A la longue-vue, les deux officiers ne tarissaient pas de fouiller les courbes presque indécemment féminines de ces terres, y taillant déjà, parmi les épinettes denses et les vernes, de jolis domaines aux gazons émeraude où s'élèveraient bientôt, à côté d'arbres altiers, d'élégants manoirs, cottages et d'autres gentilhhommières... Ils y allaient ainsi de leurs exclamations et leurs projets lorsque, au plus profond d'une crique, la lentille de leur lunette d'approche encercla un groupe de cabanes grossières, que dis-je! de misérables masures, de tristes cahutes, indignes même, pour ces deux gentlemen, du nom de bouge, à peine de celui de bauge.

Or, des gens de ce hameau ayant mis une barque à l'eau et fait force de rames jusqu'à leur frégate, quelle ne fut pas leur stupéfaction de les entendre ennoblir leurs pauvres galetas du nom de maisons. Et ce, avec un si stupéfiant aplomb, une telle fierté, qu'ils les avaient déjà incorporées dans le toponyme qu'ils donnaient à leur fond de baie: le Havre-aux-Maisons.

Ailleurs dans l'archipel, aussi, bientôt, quoique plus solitairement, plus humblement, la maison, allait revendiquer sa place dans le nom d'un lieu-dit de la côte: l'Anse-à-la-Cabane.

> *Et vu que les demeures étaient aussi très souvent fortement excavées, ils y vivaient un peu en troglodytes, comme dans un terrier.*

Voilà pour l'histoire. Pour l'architecture, c'étaient des maisons de pieux fichés dans le sol et calfatés de glaise, aux poutres et soliveaux grossièrement taillés soutenant des toits en appentis revêtus d'abord de pelouse. En cela, elles étaient pareilles aux habitations de bien des colons européens en ces régions du Nouveau-Monde, à commencer par celles des vikings, qui ont ancré leurs knorrs dans le barachois de l'Anse-aux-Meadows au Xe siècle. François Doublet encore, au service du Grand Roi, au milieu du XVIIe siècle, avait couvert ses cabanes de pelouse. C'était la règle pour les pionniers. Et vu que les demeures étaient aussi très souvent fortement excavées, ils y vivaient un peu en troglodytes, comme dans un terrier.

Ces «maisons», donc, qui donnaient leur nom à ce joli havre de l'archipel madeleinien vers lequel louvoyait maintenant la. frégate britannique, pilotée par un des marins de la place pour éviter les «pièges de sable» et autres écueils des hauts-fonds, il était évident, à mesure qu'on en approchait, qu'elles avaient été bâties avec, comme on dit, les moyens du bord... que caractérisait surtout une douloureuse absence de moyens.

Lord Dorchester et l'amiral Coffin préférèrent peut-être détourner les yeux, tant les cambuses juraient avec les coquets pavillons qu'ils avaient imaginés, mais qu'y pouvaient les pauvres réfugiés Acadiens qui les avaient construites, ces rescapés d'un des plus ignobles faits d'armes du XVIIIe siècle, s'il leur manquait souvent de ces ouvertures dans la façade, si semblables aux yeux, par lesquelles les maisons voient en dehors et reçoivent la lumière? La vitre, ce matériau à la fois fragile et précieux ne fait pas partie du butin qu'emportent avec eux les proscrits. Certaines des chaumières ne voyaient au dehors que par une minuscule fenêtre, d'autres n'y voyaient rien, sauf l'été, lorsqu'on ouvrait de petits volets. Au meilleur, les maisons étaient borgnes, au pire, elle étaient aveugles.

Or, il n'était vraiment que leur manque de moyens pour empêcher ces naufragés de l'Histoire de se construire de meilleures habitations, car c'étaient des bâtisseurs nés, auxquels les secrets des charpentes et de la menuiserie avaient été livrés aux chants joyeux des égoïnes rythmés par les coups de marteaux dans les vallons de Grand Pré. Là, ils avaient construit ces vastes granges et grandes maisons, qui allaient être célébrées plus tard par le poète Longfellow, mais que les fléaux des guerres et de la politique avaient entretemps réduites en cendres.

Six lustres après le passage des gentilhommes anglais, arrivèrent de Miquelon d'autres Acadiens, d'autres réfugiés. Charpentiers, ceux-ci auraient sans doute souhaité dû l'avoir été moins souvent, puisque outre leurs installations d'Acadie, par deux fois encore ils s'étaient bâtis sur Miquelon. La première en 1763, à leur arrivée, la seconde quand la France décida de les ré-installer dans l'archipel Saint-Pierrais, en 1783, après les avoir rapatriés des cendres encore: les Anglais avaient cinq ans plus tôt incendié jusqu'à leur dernière remise d'agrès de pêche, pour se venger de l'aide apportée par les régiments français aux révolutionnaires de George Washington.

Mais à peine, revenus de France, y avaient-ils cloué la dernière planche, que de nouveau les événements les bousculèrent de leurs foyers. C'était cette fois la Révolution française, régicide et athée, incompatible avec la foi ardente qui les animait. Plutôt que de subir sa tyrannie, ils avaient immigré aux Iles de la Madeleine avec leur maigre bagage et leurs outils. prets à se bâtir granges et maisons une quatrième fois... encore qu'ils avaient dans leur déroute construit nombre de bateaux pour regagner diverses terres de salut.

C'était cette fois la Révolution française, régicide et athée, incompatible avec la foi ardente qui les animait.

Ainsi, des mains expertes de ces Acadiens au long cours, naquit une nouvelle génération de maisons dans l'archipel, éparpillées de ci, de là au hasard du paysage, comme elles l'étaient sans doute à Grand-Pré.

Cette dispersion de l'habitat sans rhyme ni raison apparantes étonne toujours le visiteur à son premier voyage dans l'archipel: pourquoi avoir choisi cette forme d'occupation du sol et pas des rangs rectilignes comme dans les campagnes québécoises issues des anciennes seigneureries? Ou alors optê pour un sage alignement le long des chemins comme dans les villages?

Aucune réponse facile ne peut être formulée, à moins d'une acrobatie poétique qui verrait dans la dispersion des maisons une métaphore de celle des Acadiens! L'on pourrait supposer aussi que ces déportés, blaqueboulés en vrac dans les fonds de cale où les soldats anglais les entassèrent à la bayonnette, contraints à la promiscuité dans leurs longues pérégrinations pour regagner leur patrie, avaient soif d'espace et de coudées franches, sans toutefois se perdre de vue, parenté et solidarité obligent. Ainsi voit-on parfois, au bout d'un chemin, blotties dans l'échancrure d'une butte, un groupe de trois ou quatre maisons d'un modèle identique, comme des cousines germaines.

Mais il existe assurément d'autres motifs qui expliquent les «raisons de l'irraison», comme eût dit Cervantès, Ou la «méthode dans la folie», comme eût dit Shakespeare, de l'occupation mosaïque du sol par les maisons madeleiniennes. L'une tient au relief bosselé des îles et à la nature du terrain, volontiers humide, sinon marécageux, qui portaient les gens à choisir des buttes ou d'autre éminences pour y creuser leurs fondations. Une autre relève du contexte économique d'autarcie familiale articulée à la pêche et l'agriculture qui a prévalu jusqu'au milieu du XXe siècle.

Chaque maison se suffisait à elle-même: les étendues de terre défrichée qui l'entouraient satisfaisaient à la paissance du bétail et à la culture. La forêt en bordure de ces champs, aujourd'hui grandement disparue, les protégeaient des rigueurs du climat tout en assurant un approvisionnement commode en bois de chauffage et en petit gibier: de sorte que. la pêche prodiguant sa part de poisson et de sous sonnants et trébuchants pour acheter la farine et la mélasse, le cochon que l'on tuait à l'automne grossissant sous son «tette», les poules pondant leurs oeufs, la vache à l'étable donnant son lait dont on faisait crème puis beurre, le boeuf donnant sa viande et les landes leurs petits fruits

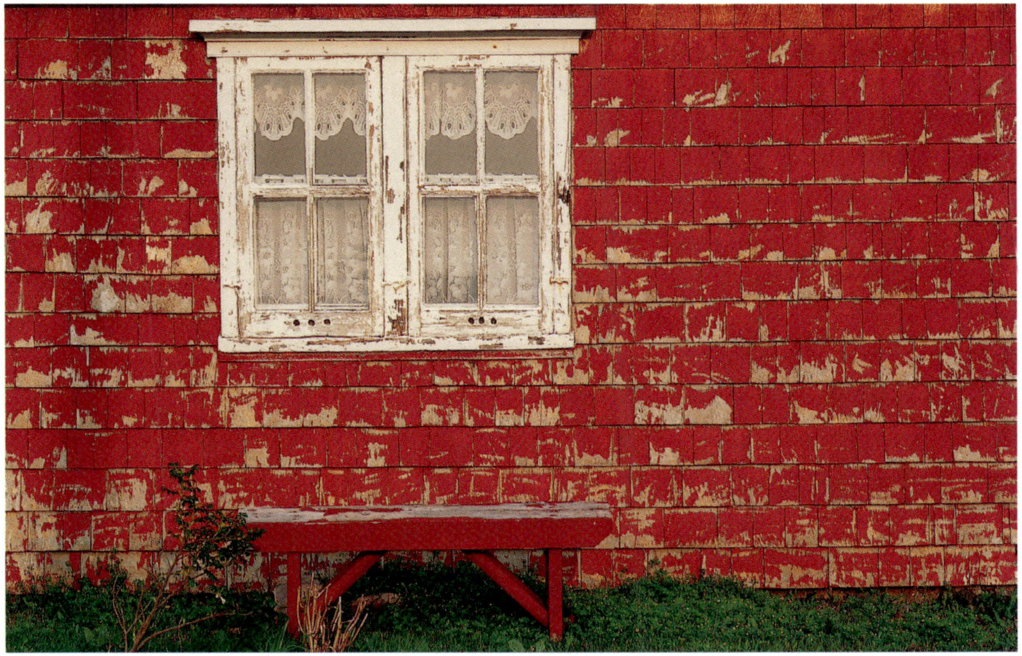

Havre aux Maisons

sauvages, chaque maison bouclait, bon an mal an, le cycle des saisons. Chacun était chez soi, et tous étaient heureux, ou comme on le disait dans le patois savoureux des anciens: «pas int'chiettes du veau»!

Le grand traducteur et philologue madelinot Hector Carbonneau, dans son récit de la mer «Gabriel et Geneviève», dont l'action se déroule vers la fin du XIXe siècle, décrit de la façon suivante la maison de son héro, à Lavernière: «Au pied des hauteurs, on apercevait parmi les arbres une humble maison blanchie au lait de chaux. Son toit, percé d'une lucarne, donnait vue sur la lande. Au pignon gauche s'adossait le tambour, désigné sous le nom d'apens *par les gens du pays. Sur la façade, lavée par les pluies, s'ouvrait la porte entre deux fenêtres à carreaux. En avant, le parterre, couvert d'un gazon maigre, encadrait quelques plate-bandes ornées de coquillages. Une allée, au milieu, conduisait au jardin. Il y venait de la laitue, des pois, des haricots, des cives, de la tanaise, quelques fines herbes et maintes espèces de fleurs s'accommodant à ces climats. Plus bas, la* prée, *pleine de foin odorant, renfermait un carré de pommes de terre. En arrière de la maison, le long de petits bâtiments, gisait le puits. Au fond de la cour s'élevait en faisceau le* bûcher *traditionnel où séchait le bois de chauffage. Une bouchure entourait l'enclos. Au delà, c'était la forêt remplie de chuchotements et de mystères; on y allait en suivant un sentier sauvage, tracé par les pieds des bêtes.»*

La maison, la grange, les dépendances: de quels soins attentifs ne les couvrait-on pas! Elles étaient l'ancrage des Madelinots dans l'espace et le temps. Le coeur de leur vie.

Bientôt, à mesure que de génération en génération les prolifiques Acadiens ont peuplé leurs paroisses, les maisons se sont multipliées. les champs ont grignoté puis dévoré la forêt, et chaque île de l'archipel a pris la physionomie qu'elle offre encore de nos jours, pour peu que l'on fasse abstraction de la dernière génération d'habitations, produits de l'ère de l'automobile et du modernisme, qui sont bâties en bordure de la route et ouvrent sur elle leur baie vitrée, selon le paradigme suburbain.

On peut envisager la multiplication des maisons dans le paysage comme une parthénogénèse ou une scissiparité, chaque maison en engendrant d'autres, essémant, pour ainsi dire, à partir de l'ancêtre – commune, au fil des sept ou huit générations de Madeleiniennes et de Madelinots qui se sont succédées depuis les premiers arrivés. Le père partageait sa terre entre ses garçons. L'aîné, à son mariage, en même temps que son lopin, recevait cette partie de la demeure que l'on appelle le «tambour», et qui constitue une sorte d'appentis, d'annexe au corps principal de l'habitation, abritant en général le vestibule, parfois la cuisine d'été et une petite chambre mansardée. On détachait donc cette partie de la maison, on la halait sur des poutres, elles-mêmes placées sur des rondins, et, tous les hommes du canton s'attelant à de fortes haussières, on la tirait jusqu'à son nouvel emplacement. Le célèbre botaniste Marie-Victorin. qui visita l'archipel en 1920, s'amusa beaucoup de ces tambours de maisons circulant par les buttes et par les prées, comme dans un rêve surréalise.

La maison, la grange, les dépendances: de quels soins attentifs ne les couvrait-on pas! Elles étaient l'ancrage des Madelinots dans l'espace et le temps. Le coeur de leur vie.

L'héritier du tambour s'en servait comme embryon de maison jusqu'à ce que l'accroissement de sa propre marmaille requière qu'il agrandisse ses pénates, et ainsi, le tambour enfantait d'une nouvelle maison, dont il se séparerait de nouveau lorsque l'aîné de sa propre famille prendrait femme à son tour. Quant aux cadets, c'étaient eux qui traditionnellement prenaient soin des vieux parents jusqu'à leur mort, en récompense de quoi ils héritaient de la maison paternelle...

Suivre les mouvements des «tambours» de par le paysage, étudier la reproduction des maisons, équivaut à faire la généalogie des familles madeleiniennes. C'est un. apprentissage qui commence tôt dans l'enfance et peut ne finir qu'à la mort dans ces îles où la rareté des patronymes favorise l'identification par filiation au père et parfois à la mère si c'est elle qui a élevé les enfants, suite, souvent, à quelque désastre maritime. Ainsi, les longues enfilades de prénoms, au fil des générations, telles les Ernest à Fortuné à Baptiste à Justin, les Gaston à Béatrice au

Grand Jean, ou les Georges à René à Félix à Dan à Will, dont les plus érudits des «défricheteurs de parenté» madelinots peuvent réciter des litanies jusqu'au septième ancêtre pour toutes les familles de l'archipel, du bout de la Pointe de la Grande-Entrée aux demoiselles de Havre-Aubert... Ce prodigieux exercice mnémonique s'appelle apprendre, et son résultat, connaître ses maisons – comme on connaît ses tables de multiplication, son petit catéchisme ou ses déclinaisons latines.

Une étude plus attentive des maisons, de leur forme, leur style, leur couleur, peut elle aussi révéler les liens de parenté de ceux qui les habitent. Les tambours, en effet, ne s'harmonisaient jamais mieux qu'avec des corps d'habitation semblables à ceux dont ils avaient été détachés. Et chaque famille comptant dans la parenté quelqu'un de plus habile avec l'équerre et la boîte à onglets, c'était lui, inévitablement, qui tirait les plans et supervisait la construction des maisons de ses frères, soeurs, cousins, cousines, neveux, nièces. En raison de la propagation rayonnante des demeures à partir de la maison patriarcale et de l'éventail assez restreint des modèles, chaque canton offre des caractéristiques architecturales cohérentes, qui renforcent leur homogénéité.

Les volumes des corps d'habitation, le nombre et la disposition des appentis peuvent varier selon la taille de la famille ou des budgets mais, chaque famille de maisons découlant d'un même parangon, l'angle fainer, celui de la pente et du brisis des combles à la Mansard, le type de toiture, à deux ou quatre pentes, avec ou sans croupes, en pavillon, la disposition des fenêtres et jusqu'aux arabesques des mutules et des encorbellements rendent les liens de parenté entre les demeures incontestables.

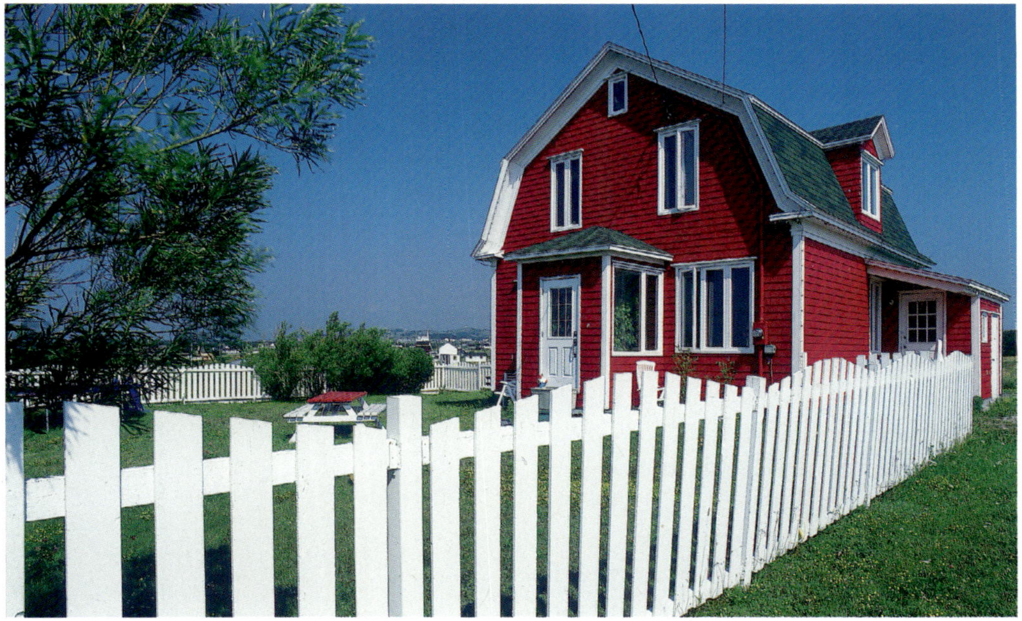

Cap-aux-Meules

D'abord construites de madriers fendus appliqués verticalement et mortaisés à ceux de la toiture, les maisons étaient basses à cause de la petitesse de la partie utilisable des troncs d'arbres, laquelle n'excédait que rarement quatre mètres. C'étaient, disent les historiens, des habitations grossières et rustiques, du fait que les insulaires, soumis à un régime de baux emphytéotiques tout à fait inique, pouvaient se faire expulser au gré des caprices du seigneur Coffin. Ce n'est que vers le dernier quart du XIXe siècle, alors que se règlait la question de la tenure des terres et que les Madelinots pouvaient enfin devenir propriétaires, que les constructions témoignèrent d'une architecture plus élégante, sans pour autant faire de concesson à la solidité, car les vents qui balayent le golfe du Saint-Laurent à des vitesses phénoménales dans les saisons maussades, sout de ceux qui peuvent décoiffer les maisons. Ni tuiles ni ardoises ne résistent à leur souffle: seulement du bardeau de cèdre, et encore: solidement attaché.

Le vent! C'était et c'est encore l'ennemi absolu des constructions, celui qui fait vibrer les murs et craquer poteaux et solives quand il se déchaîne. Si toutes les entrées des maisons, sauf celles de la dernière génération construites en parallèle aux routes et ayant la porte donnant sur la rue, toutes les entrées, donc, sont orientées à l'Est, n'én cherchez pas la raison ailleurs. C'est le vent. Non qu'il souffle moins violemment de ce secteur – les loups de mer ne disent-ils pas que l'enfer est dans l'Est? – mais bien parce que le vent d'Est est toujours moins froid, du fait qu'il s'est imprègné, dans sa course, de la tièdeur relative de l'océan.

Le vent explique aussi la fréquence dans l'archipel des toits à quatre versants, ou à structure analogue réalisée par des lucarnes à pignon perpendiculaires à l'axe de faîtage, qui sont d'ailleurs caractéristiques des maisons acadiennes d'un peu partout dans les Maritimes. Même lorsqu'elles sont coiffées d'un toit à la Mansard, ou toit à combles brisés, aussi appelé toit français, celui-ci compte souvent quatre versants du fait du dessin cruciforme de la fondation,

Le vent! C'était et c'est encore l'ennemi absolu des constructions, celui qui fait vibrer les murs et craquer poteaux et solives quand il se déchaîne.

de sorte que le vent, soufflant de n'importe quel secteur, exerce sur la pente de deux versants une poussée vers le bas qui compense celle qu'il exerce vers le haut sous le coiffage de la façade qu'il frappe de plein fouet. Un effet dynamique analogue est réalisé par les toits à deux croupes ou a pignon tronqué que l'on retrouve sur maintes maisons rectangulaires ainsi que par les toits en pavillon qui coiffent la plupart des maisons carrées: il s'agit, dans les deux cas, de réduire la prise du vent dans les faîtages.

Pour bâtir solide, les anciens Madelinots ne le cédaient à personne. Lorsque le 20 juillet 1975, d'une rafale un peu plus violente que les autres, l'ouragan Blanche, soufflant à plus de 200 km/h., arracha le toit du plus grand motel de Cap-aux-Meules et l'alla jeter cent mètres en arrière, les commentaires allèrent bon train sur ce qui avait fait que cette construction somme toute assez récente avait essuyé un tel dégât, alors que les vieilles maisons centenaires avaient opiniâtrement tenu tête aux assauts d'Éole, n'y laissant au pire que quelques «plumes», sous la forme d'un feston par ci, d'une corniche par là, d'une planche cornière – des bagatelles!

Dans leurs sagaces délibérations, les vieux qui faisaient l'épilogue du maëlstrom, eurent tôt fait d'identifier un suspect, contre qui un verdict de culpabilité fut incontinent rendu: les clous! On construisait à présent avec du bois trop vert, reprochaient-ils à nul autre que le progrès, en se fiant à la seule force de bouts d'acier, galvanisé ou pas, pour attacher les madriers. Le bois vert faisait rouiller les clous, et ceux-ci, affaiblis, finissaient par casser. Ne les entendait-on parfois pas céder, en rendant une détonation sèche, par les nuits de grand gel? Les toitures finissaient par ne plus tenir sur les sablières que par leur poids et les vents d'enfer avaient beau jeu de les emporter. Les coups de boutoir qu'ils peuvent donner! A Saint-Jean-de-Terre-Neuve, dans les années 1870, ils ont déplacé la cathédrale de plus d'un pied sur ses fondations!

Or voici: autrefois, les clous c'étaient un luxe, une parure en quelque sorte. On ne s'y fiait pas. Les pièces de bois des charpentes étaient assemblées par des tenons et des mortaises, des queues d'aronde, des abouts, des adents, des entures et oulices, rainures et languettes (tout le vocabulaire oublié du métier que c'était!) et chevillées par surcroît avec des goupilles de bois encore. Il en résultait des charpentes d'une solidité formidable, quoique offrant quand même un certain jeu, une certaine articulation, laquelle garantissait qu'à l'instar du roseau de la fable, les structures pouvaient plier pour épauler le vent, mais ne rompaient point!

Dans l'en-premier (parce qu'il est bien difficile de tenir un discours acadien sensé sans faire un détour dans ces temps quasi mythiques), on ne peinturait pas les maisons de toutes les couleurs comme aujourd'hui. Et ce, entre autre, pour la meilleure raison du monde: ces belles peintures résistantes au climat n'existaient tout simplement pas encore.

D'aucuns laissaient le temps lui-même, celui qui passe comme celui qu'il fait, patiner leurs boiseries et leurs bardeaux. Le cèdre, le pin, petit à petit grisonnaient sous le coup des ans et des éléments, et acquêrait à la longue une brillance argentée qui conférait aux maisons, dans certains angles où les caressaient les rayons du soleil, des colorations saisissantes. D'autres chaulaient. D'autres encore badigeonnaient leurs demeures avec une sorte de peinture rustique et rougeâtre, faite de ce résidu d'huile de foie de morue que les vieux appelaient «drâche» et de grès rouge des caps pulvérisé. Pour rendre cette peinture moins (mal)odorante, certains substituaient à la «drâche» de l'huile de phoque ou de l'huile de lin, et pour la rendre plus collante. on la mélangeait parfois à une décoction de peaux et de sabots de bêtes longuement bouillis dans l'eau.

Mais ceci ne changeait pas la couleur rouge-brun de la peinture, si bien que les bâtiments n'arboraient jamais comme teintes que celles que prend le bardeau en vieillissant, le blanc du lait de chaux que délavait rapidement les pluies, ou le rouge sombre des falaises.

Puis la couleur fut, et les maisons prirent des personnalités différentes. Elles firent éclater une symphonie de confetti multicolores dans le paysage de verdeur et de blancheur que sont alternativement les îles selon les saisons.

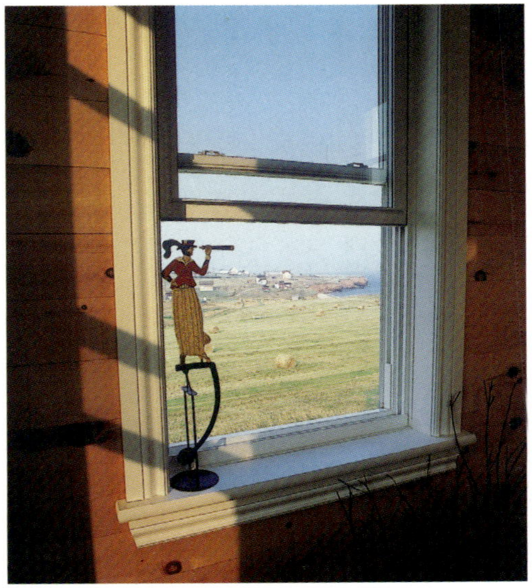

Bassin

Tout porte à penser qu'on y alla d'abord sobrement, avec des couleurs mélangées, mitigées: de l'ocre, du gris, des roux soit rosés ou brunis, des bleus tranquilles... Peut-être s'agissait-il de ne pas s'affirmer d'une façon qui pût indisposer les voisins, car ce sont eux, en fin de compte, qui voient le plus souvent la couleur dont on a peinturé sa maison pour se faire plaisir! Le choix des couleurs, dans un canton où toutes les maisons se voient et même s'épient par les châssis de fenêtre, en dit autant sur les goûts de ceux qui l'habitent que sur leur sens civique.

Il est possible aussi que certaines années de pauvre pêche, la robe des maisons dépendait davantage des peintures en solde au magasin général que du goût des gens: ainsi peut-on expliquer certains foisonnements plutôt malheureux de verts et de roses, parfois plus malheureusement encore mariés l'un à l'autre sur la même façade, l'un couvrant le bardeau, l'autre les encadrements des portes et des fenêtres, les corbeaux de soutainement et les planches cornières.

Mais même dans les pires des cas, ces «découpages» faisaient ressortir le dessin des maisons, et mettaient en évidence la belle et fine ouvrage dont elles étaient le fruit, le soin avec lequelle elles avaient été bâties, fignolées dans leurs moindres détails, et que leur monochromie tendait à faire oublier.

Les corniches, les frises à dentelures, les festons, les meneaux, les mutules en arabesques, les doucines et les cavets, sous les coups de pinceau reprirent fraîcheur et vie, rappelant l'amour qu'avaient mis à les ciseler, à la toupie et au ciseau, les artisans de naguère.

Si ma mémoire est bonne, ce que je ne peux absolument pas garantir, c'est le jaune qui ouvrit le bal de l'arc-en-ciel dont les maisons allaient bientôt s'emparer de toutes les couleurs. Un jaune vif, pur, franc, brillant comme le soleil d'êtê et les moissons mûres. Était-ce pour se les rappeler au plus creux des jours sombres de la fin d'automne, pour les invoquer, les implorer quand la noirceur du solstice dévore le plus clair des journées, ou pour exorciser les printemps boueux aux lourdes cavalcades de nuages noirs dans le ciel, où l'on se consume dans l'attente du premier pissenlit? A Grande-Entrée, au Gros-Cap, à la Pointe-Basse et ailleurs, dans tous les cantons, il y eut une éclosion soudaine, une contagion de maisons jaunes, comme si de loin en loin on s'était passé le mot.

Vous êtes à l'image de ceux qui vous habitent: solitaires, opiniâtres et colorês; et vous êtes aussi un peu leur langage.

Ce fut l'exorde, l'amorce d'un discours, d'un dialogue, ou alors l'ouverture d'un fabuleux concert dirigé par une mystérieuse baguette auquel toutes les maisons allaient contribuer par leur note de couleur dans le paysage, chacune devenant, comme les voyelles d'Arthur Rimbaud, le balbutiement d'un langage particulier: «A noir, E rouge. U vert. O bleu» et toutes s'interpelant à qui mieux mieux et modulant leurs répons aux teintes les plus audacieuses. Ici, un solo d'orangé éclate par-dessus les accords subtils des bleus et des verts mesurés du voisinage; là, des carmin et des indigos s'inscrivent en contrepoint des jaunes, usurpant subrepticement leur dominance, ailleurs, le blanc, synthèse de toutes les couleurs, soutient son rythme d'un long point d'orgue contre un staccato disséminé de tons vifs; ou bien des vermillons claironnent leurs cris de coq flamboyants, comme le soleil qui se lève, au bout d'arpèges de maisons ocre, parme, glauques. grises, gravissant la pente de la colline comme des notes sur une portée...

«Moi, c'est surtout pour l'hiver que je mets des couleurs sur ma maison», dira Sylvie Desrochers, du chemin d'En-Haut, à Havre- Aubert. «On dirait que ça éclabousse un peu de gaité alentour.

Emmitoufflées de maigres buissons de «wellows» malmenés par le vent, même les constructions les plus ingrates, et jusqu'aux para1lélépipédiques roulottes, acquièrent quelque grâce par la vertu d'un coup de pinceau. Le limon d'un escalier, les balustres d'une galerie, les pilastres d'un perron, se détachant en vert sur le blanc crème. en jaune sur le mauve, en sang sur le marine, marquent d'un bémol d'originalité ces constructions qui en étaient dépourvues et leur donnent une voix dans le choeur des maisons du canton: musique qui, de toilette de printemps en toilette de printemps, épouse des humeurs s'accordant au temps qui passe, dans son élan rhapsodique.

O maisons des îles! Que Goethe vous eût connues, sa «Théorie des couleurs» en aurait été transformée par quelques perspectives troublantes, comme lorsque vous sourdez, énigmatiques, du ventre vaporeux des brumes. Vous êtes à l'image de ceux qui vous habitent: solitaires, opiniâtres et colorês; et vous êtes aussi un peu leur langage.

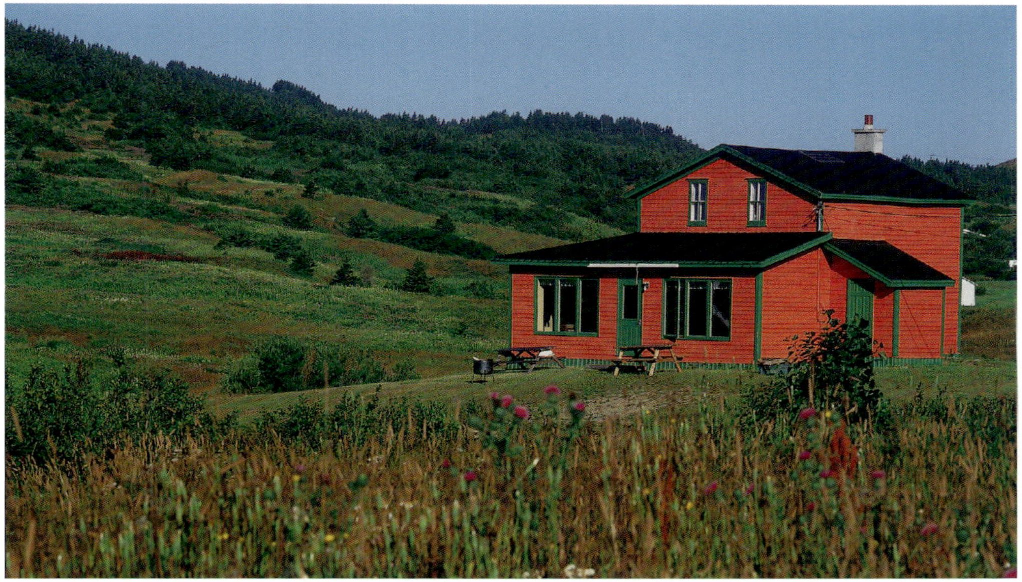

Fatima

En vous regardant par ma fenêtre en ce matin ensoleillé d'automne, en ayant parcouru tous les cantons de l'Étang-des-Caps au Bassin-aux-Huîtres, pour vous revoir et vous interroger, jeunettes à peine débarrassées des échaffaudages et vénérables centenaires, je constate que votre bavardage, autrefois dominé par les jaunes, s'articule aujourd'hui à toutes les variances des violets et des mauves, des cramoisis, des lilas, des pourpres, des aubergine et des parme. Dans chaque hameau ou presque, le thème du violet s'impose, comme s'il n'y avait pas de discours possible dans, les autres bandes de l'arc-en-ciel; et j'essaye d'y déceler un symbolisme autre que celui de la simple émulation, de la compétition ludique ou de la mode: quelque-chose de profond qui puisse procurer une fin heureuse à mon texte! Or dans ce mauve je me refuse à voir le demi-deuil de la saison qui s'étiole, car se serait empiéter sur les plates-bandes des asters, ni la métaphore du siècle qui achève...

Alors quoi? L'emblème de votre modestie, comme la fleur dont vous portez la couleur? Ou simplement un passage plus mélancolique dans la symphonie que vous jouez toutes ensemble et où déjà d'autres maisons font éclater d'autres gammes de teintes, comme pour chanter, même dans la neige, un perpétuel hymne aux fleurs des champs!

Maisons des îles: poignées de confettis multicolores jetés sur la croupe ondulante des buttes, comme des constellations d'étoiles dans la nuit.

Pointe-Basse, octobre 1995

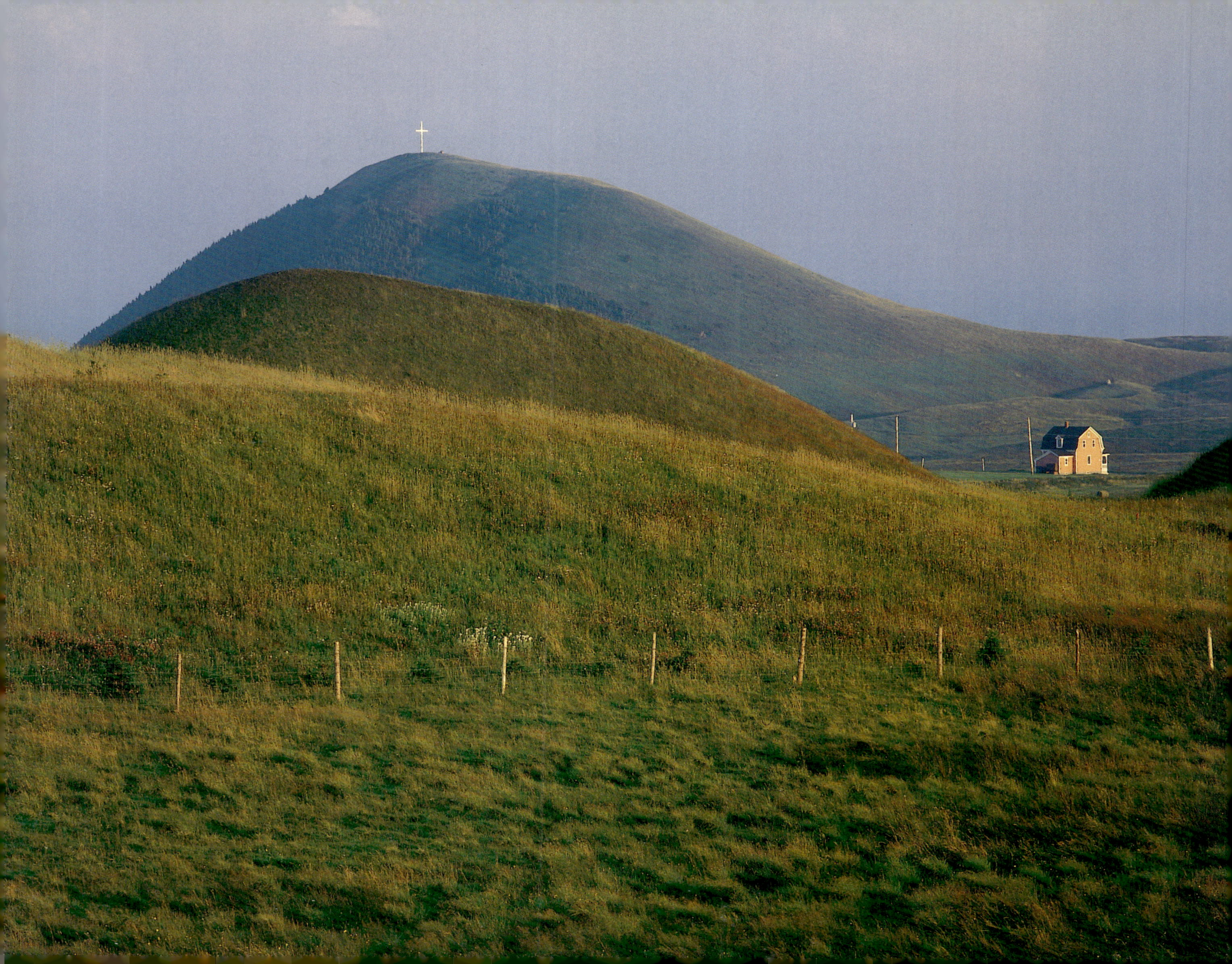

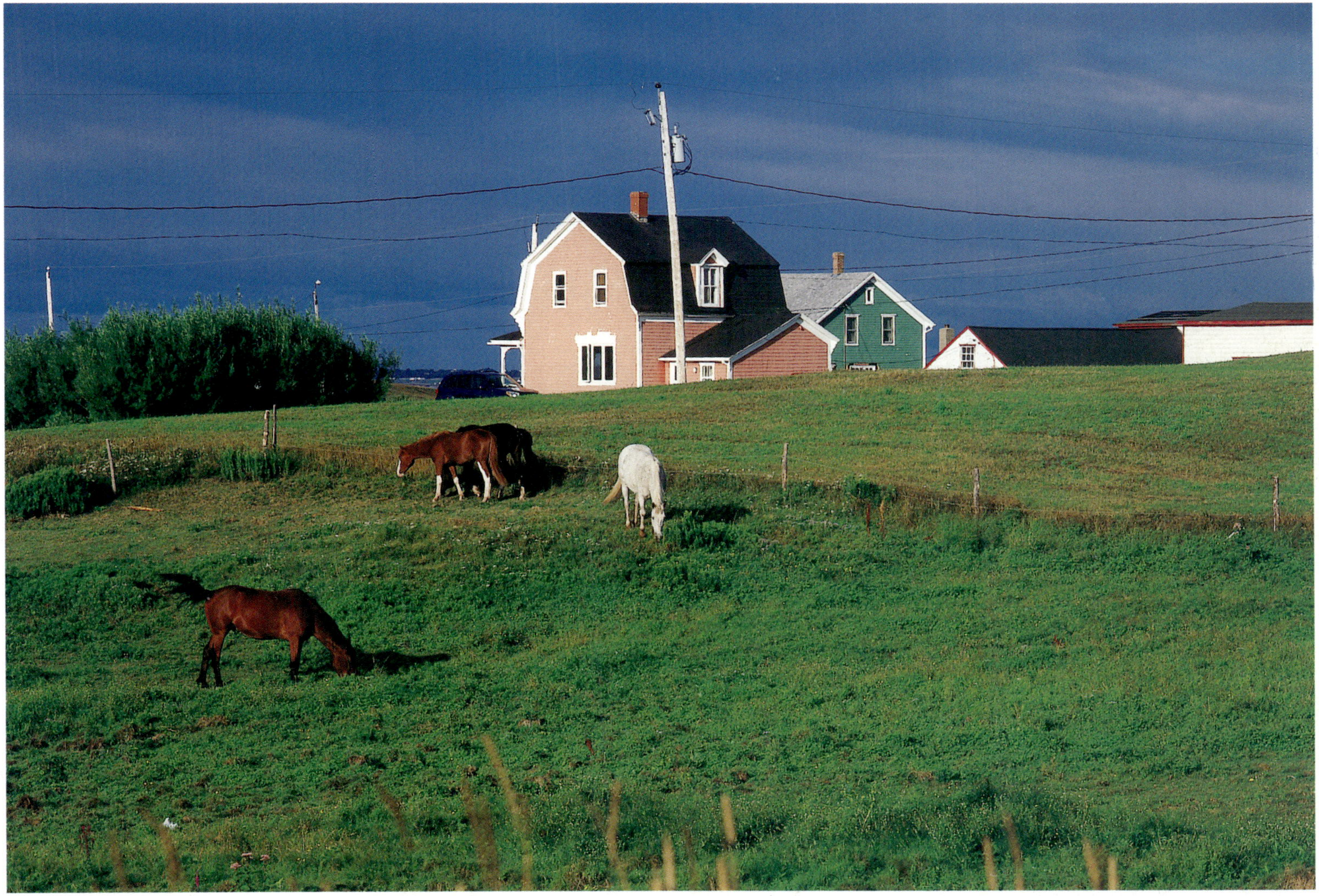

Havre-aux-Maisons : Au début il n'y avait rien, que les arbres, la plage et la mer.

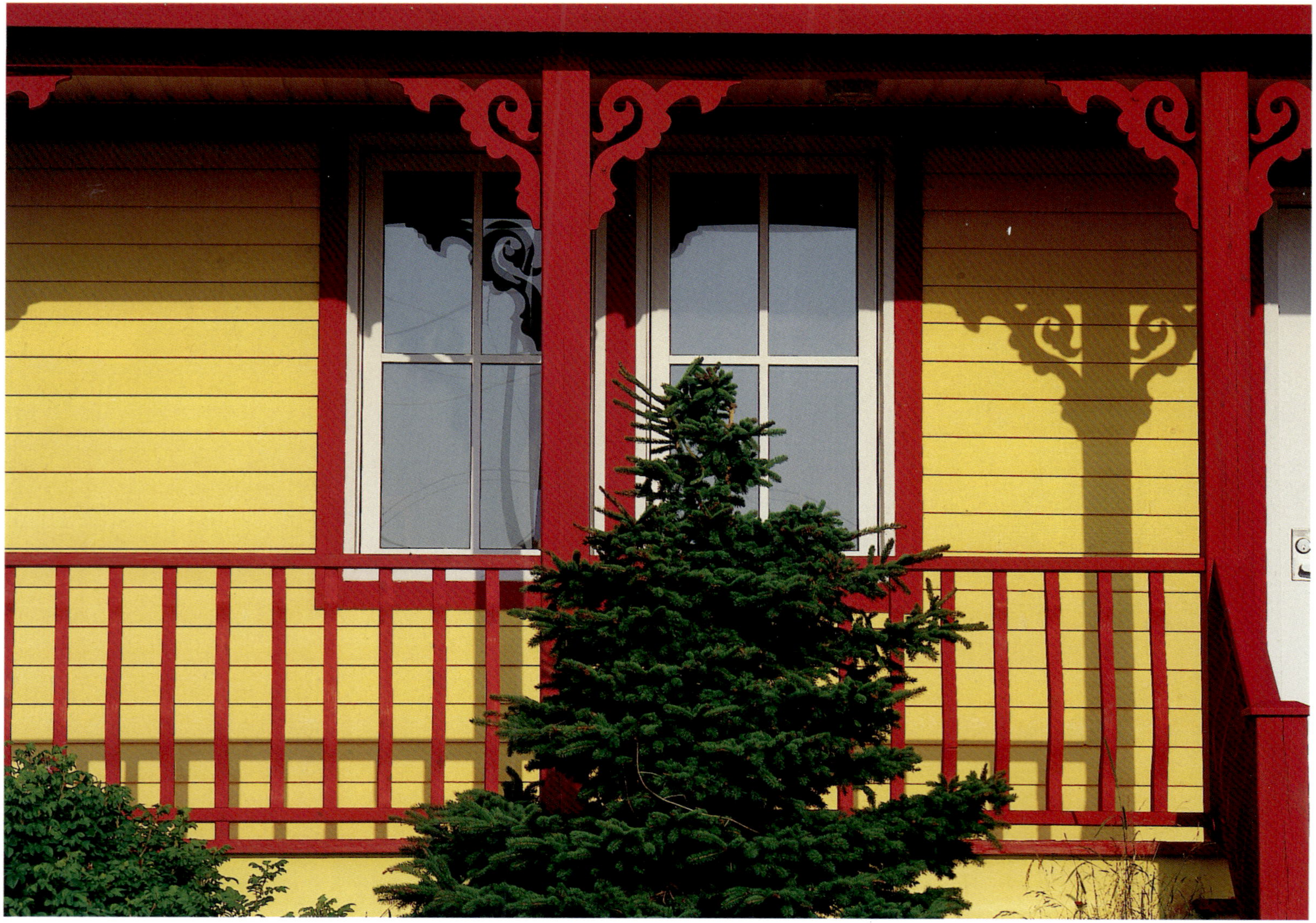

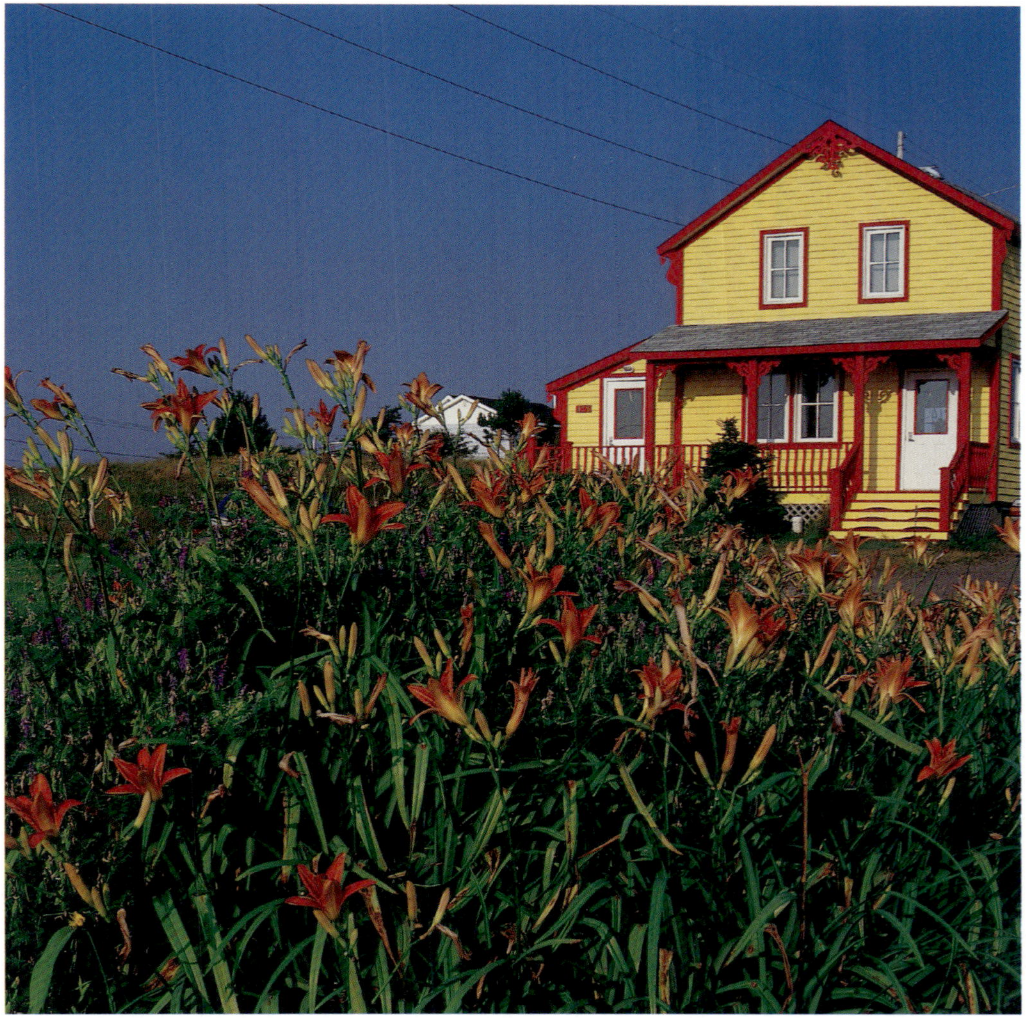

Cap-aux-Meules : ...parmi les épinettes denses et les vernes, de jolis domaines aux gazons émeraude où s'élèveraient bientôt, à côté d'arbres altiers, d'élégants manoirs, cottages et d'autres gentilhommières...

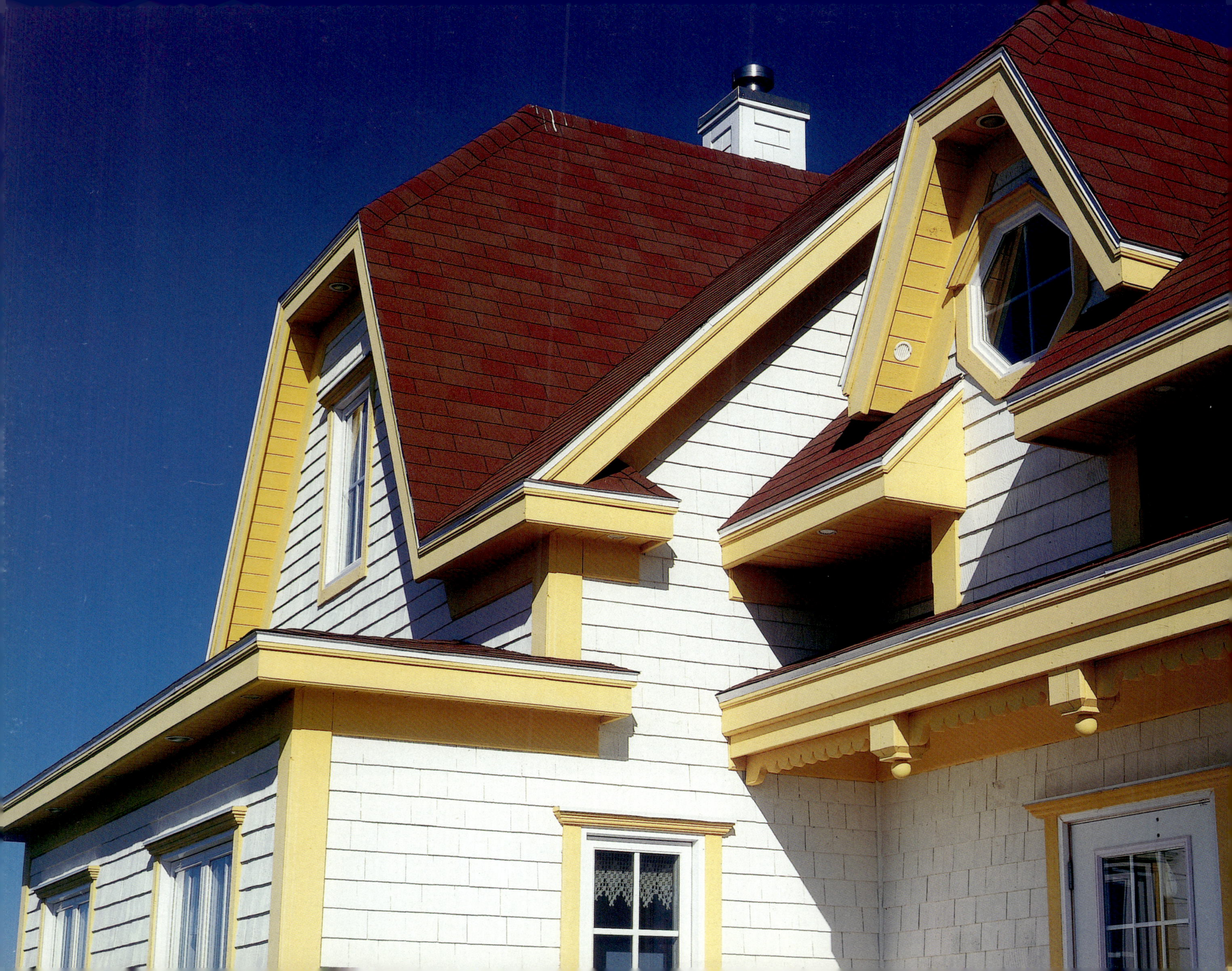

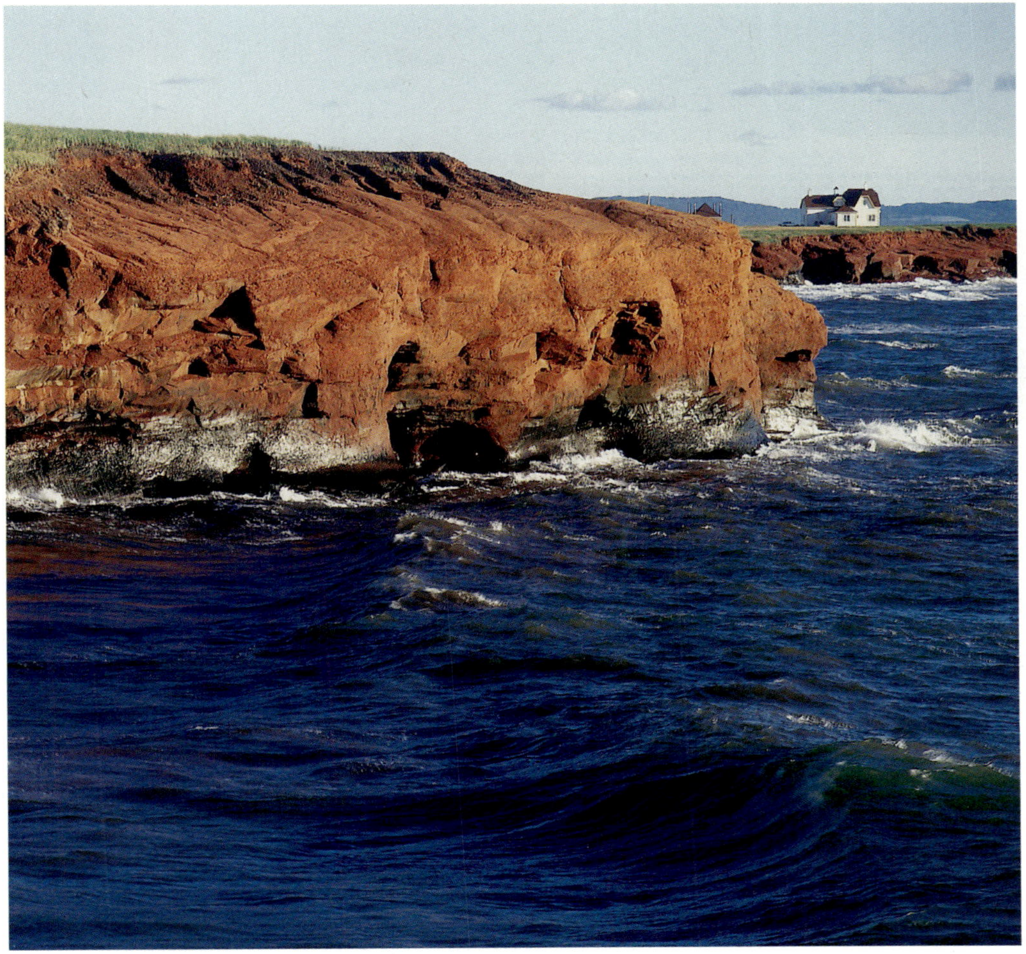

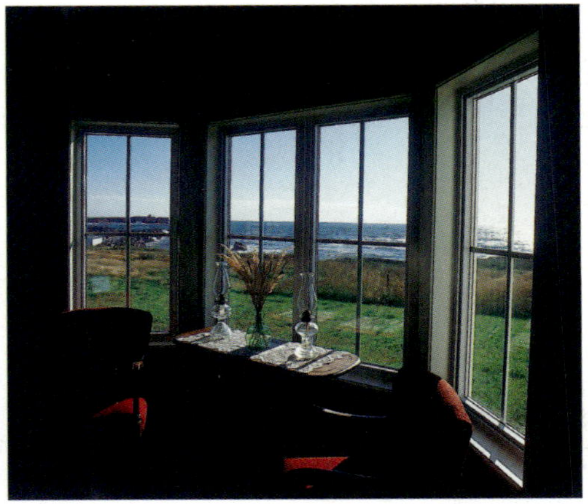

L'Étang-du-Nord : ...des îles dans leur virginité; de loin, un florilège de sirènes au chant séducteur ondulant leurs formes vertes par dessus le rubis des falaises et le chaînon d'or des dunes.

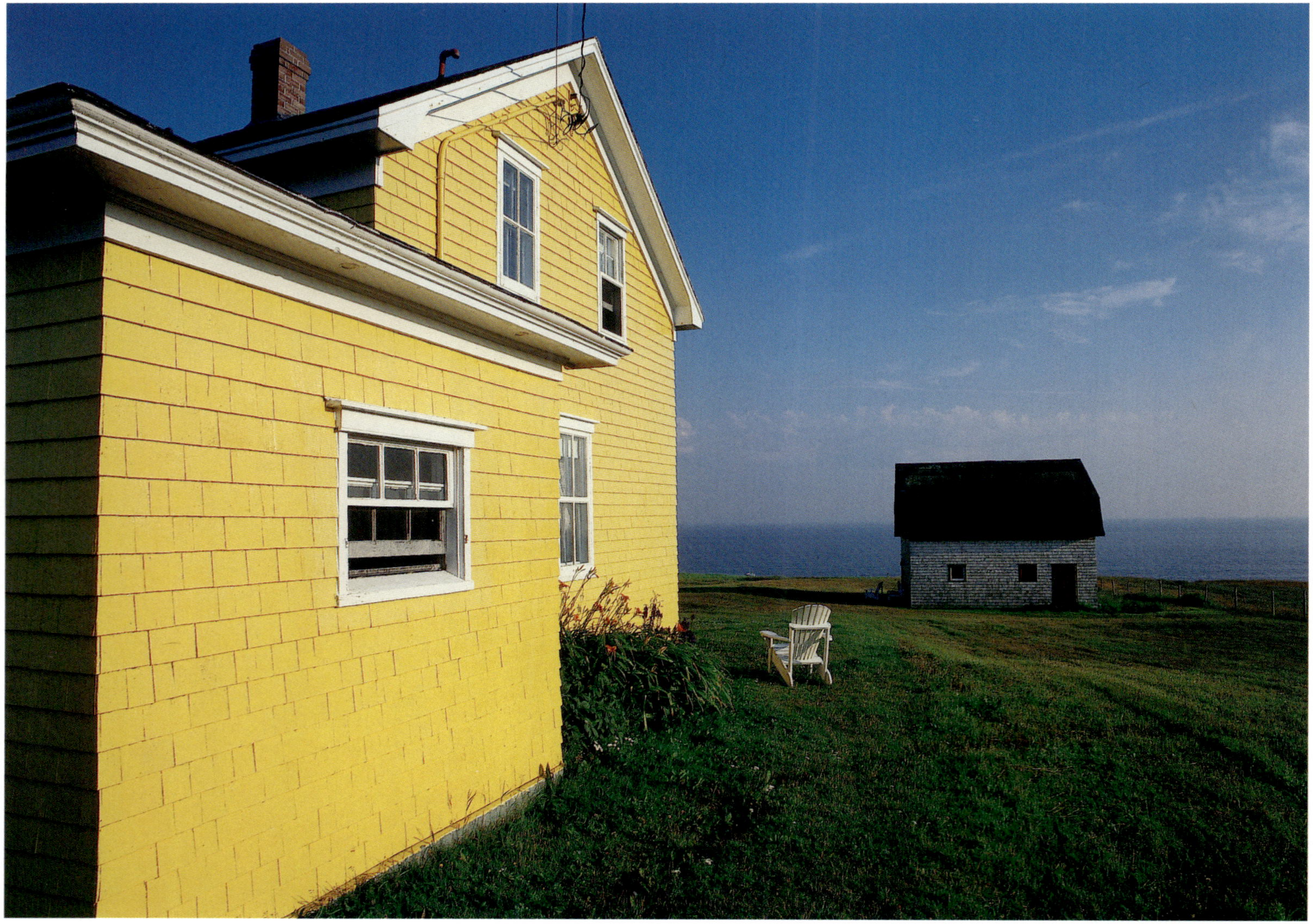

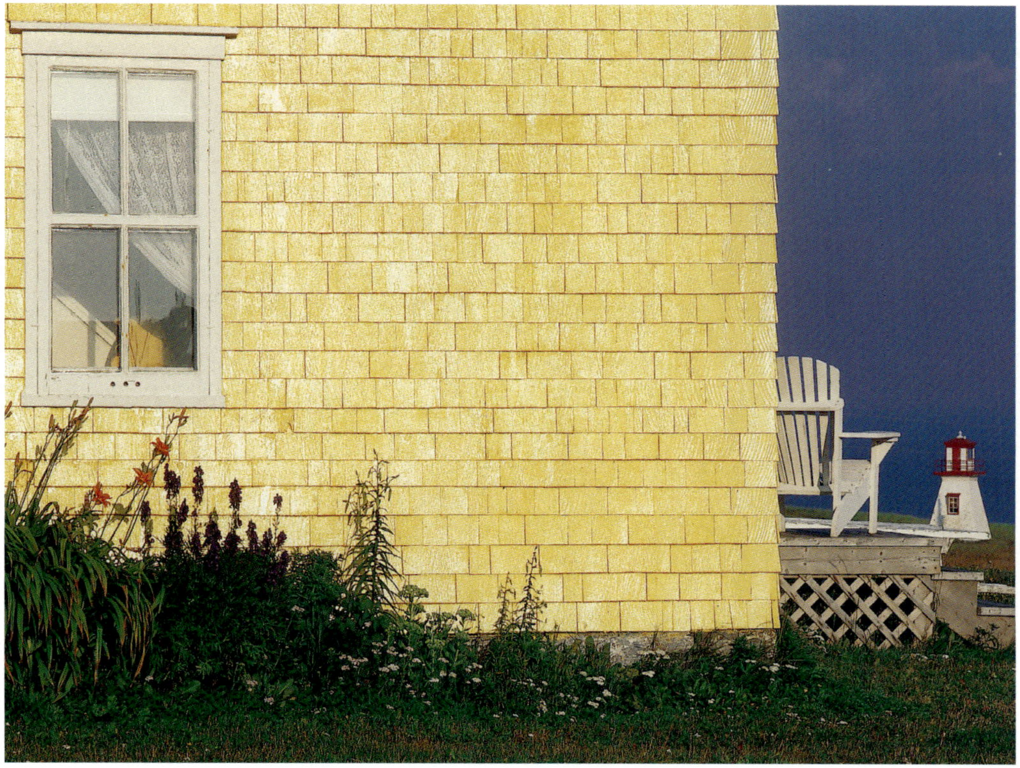

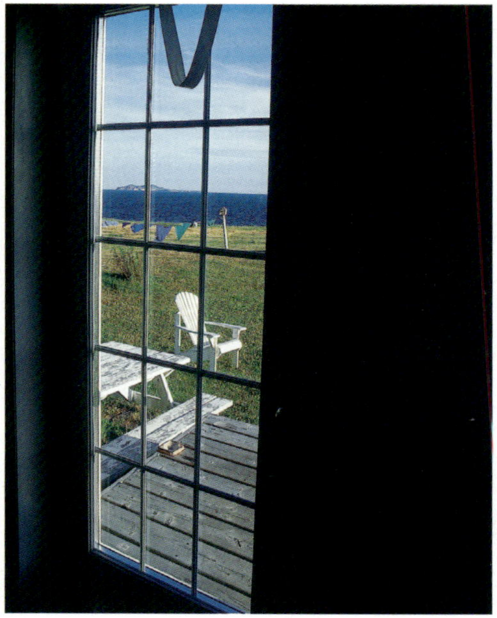

Havre-aux-Maisons : ...quelle ne fut pas leur stupéfaction de les entendre ennoblir leurs pauvres galetas du nom de maisons.

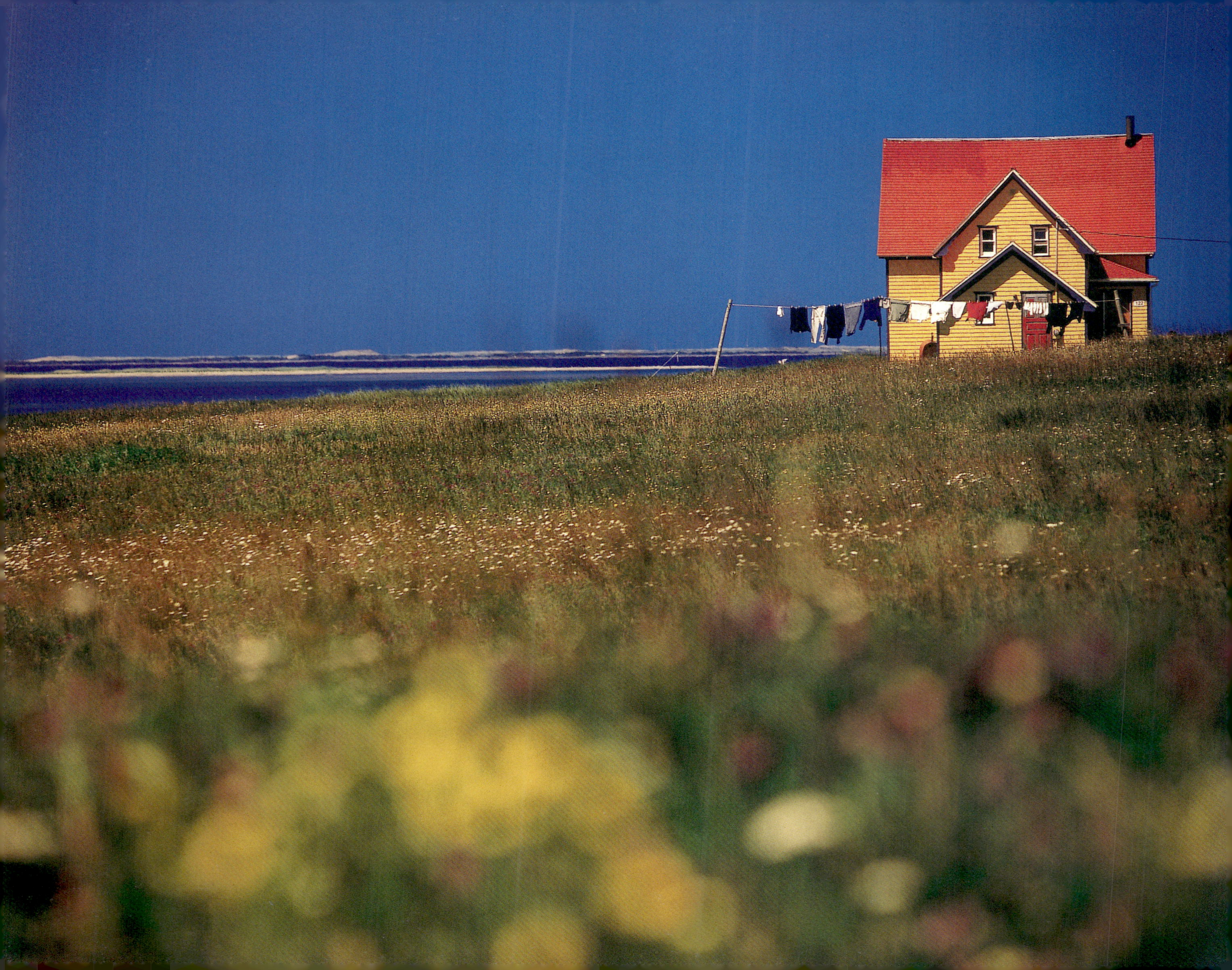

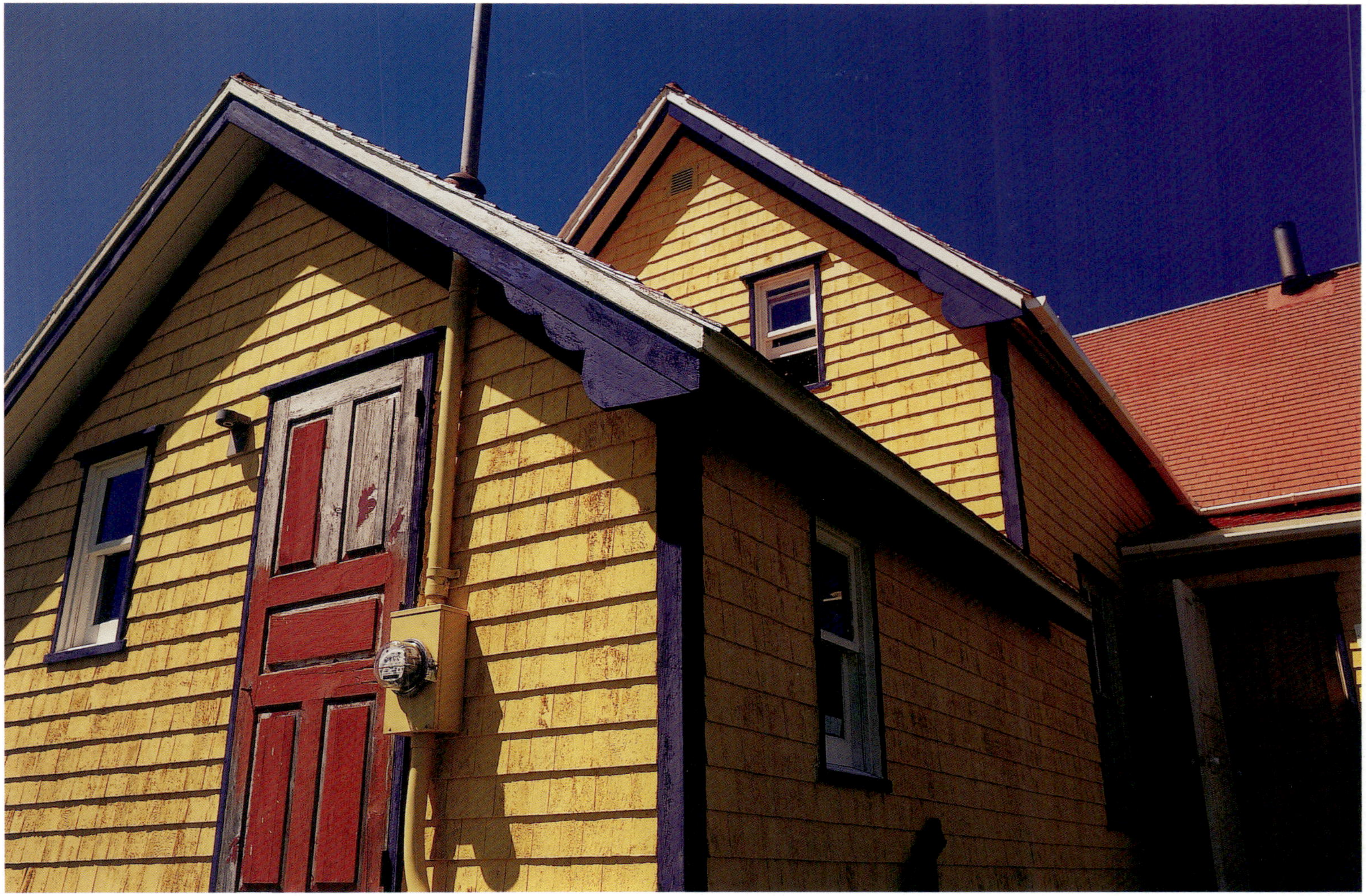

Grande-Entrée : Ainsi, des mains expertes de ces Acadiens au long cours, naquit une nouvelle génération de maisons dans l'archipel, éparpillées de ci, de là au hasard du paysage, comme elles l'étaient sans doute à Grand-Pré.

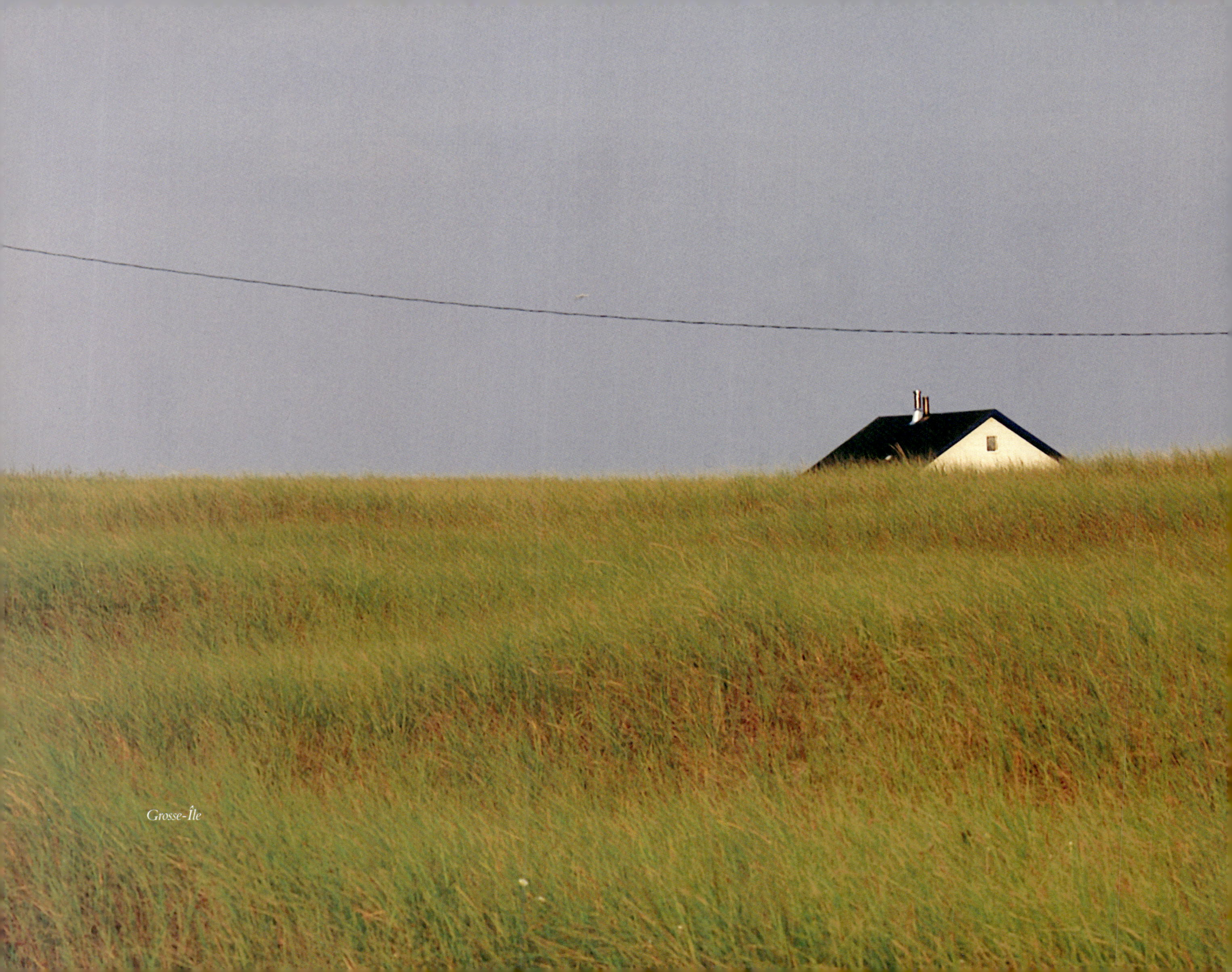
Grosse-Île

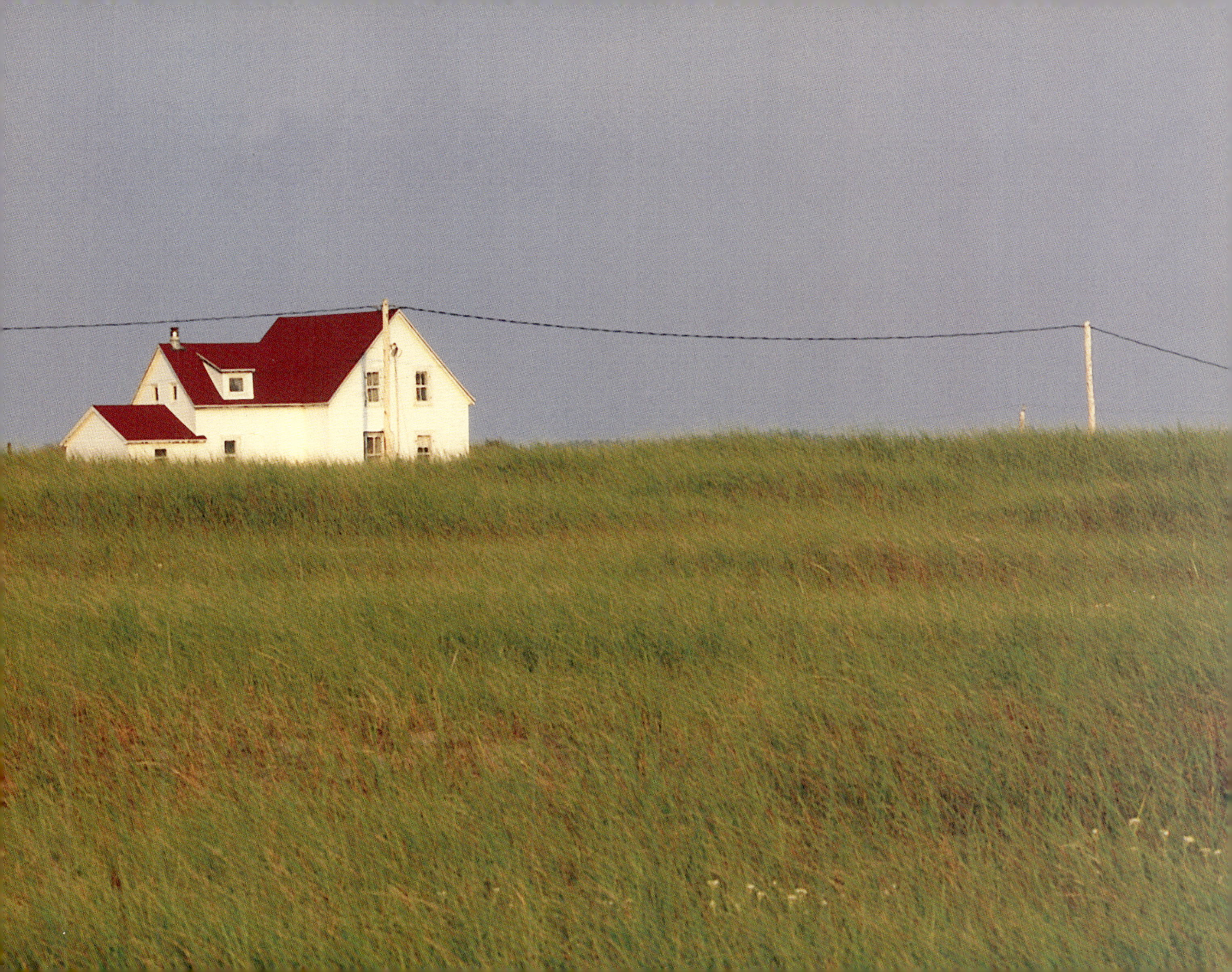

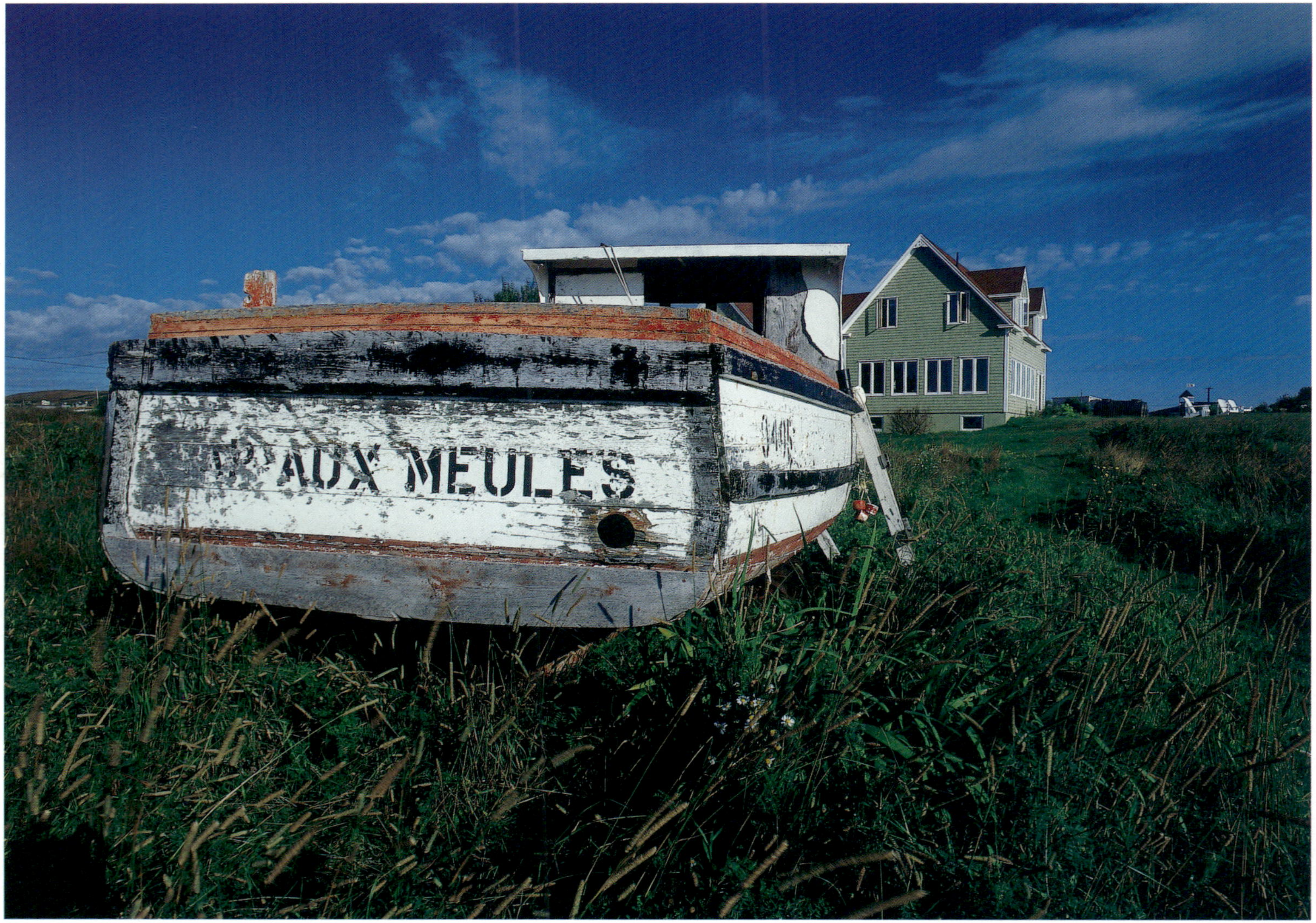
AUX MEULES

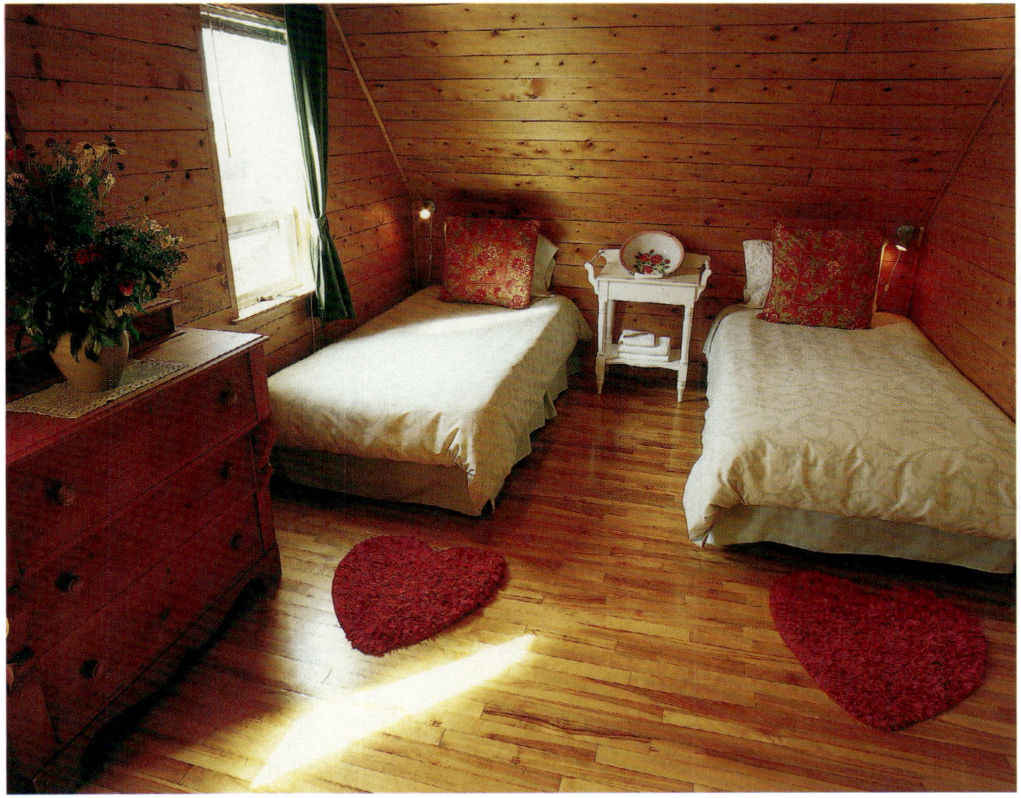

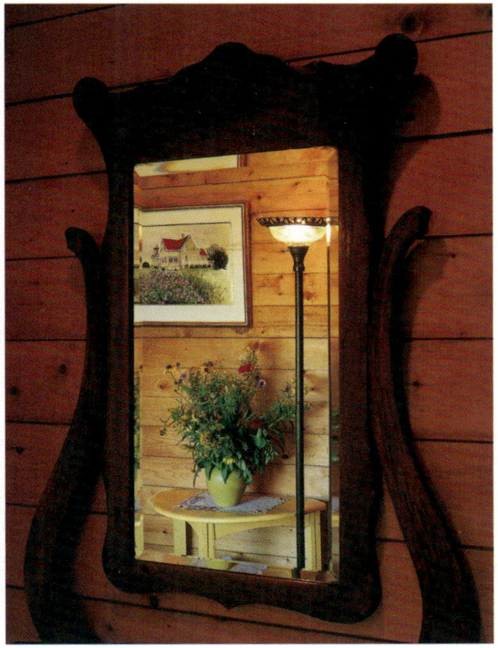

La Grave : La vitre, ce matériau à la fois fragile et précieux ne fait pas partie du butin qu'emportent avec eux les proscrits.

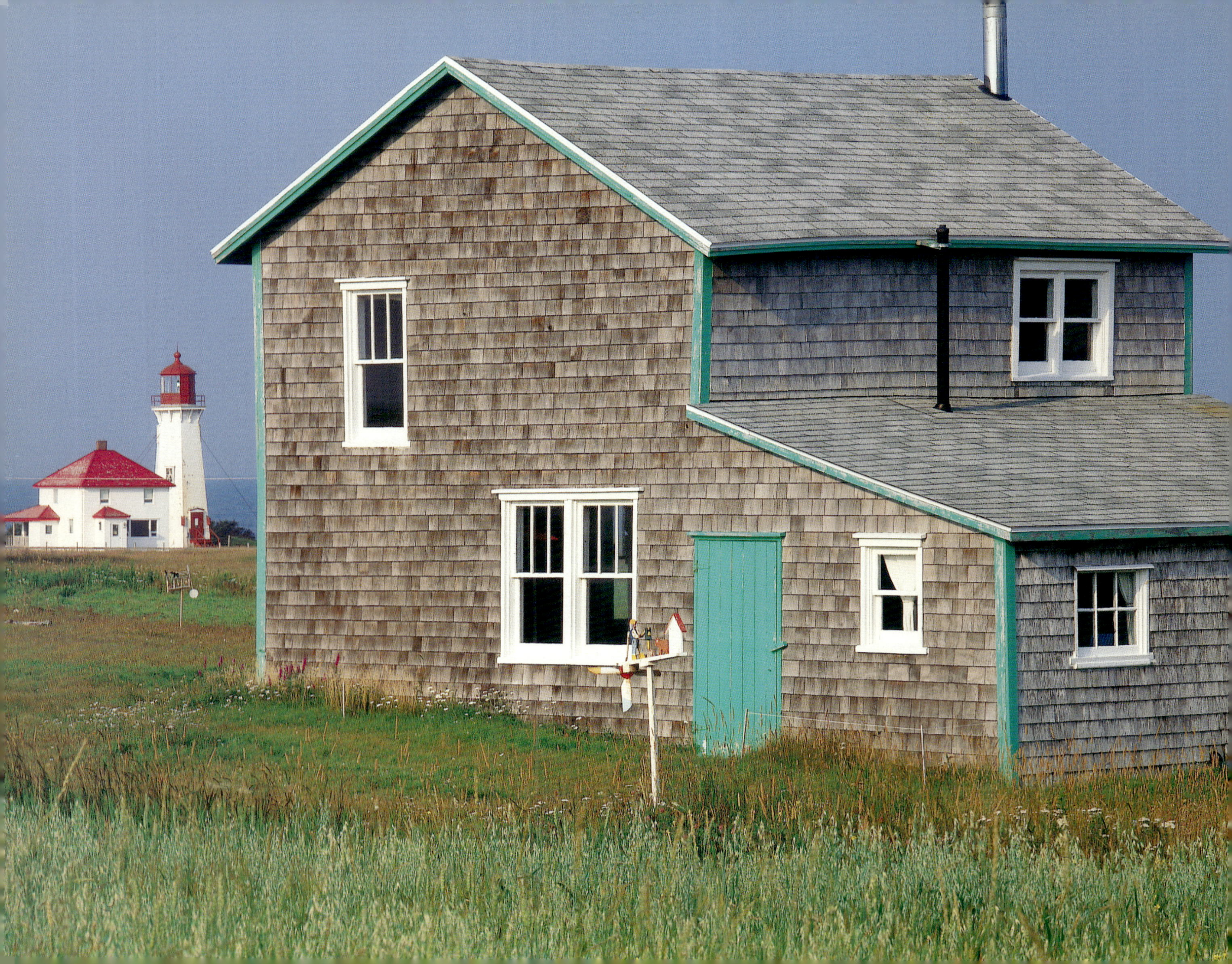

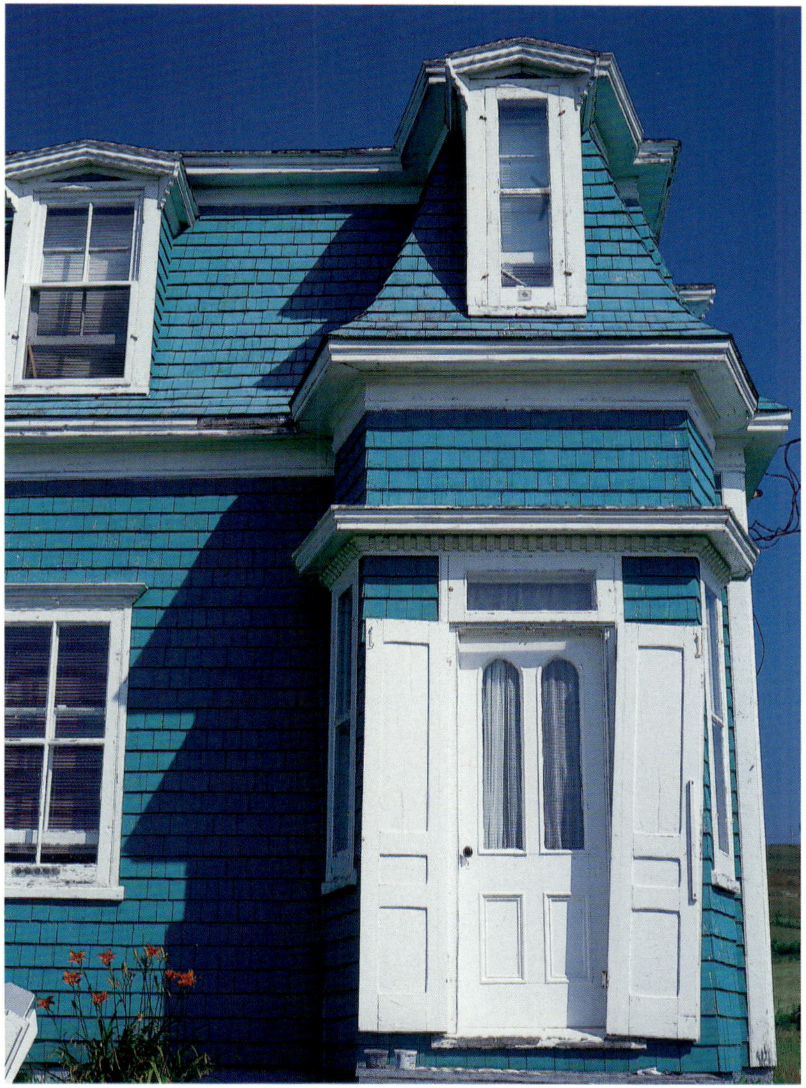

Bassin : Ainsi voit-on parfois, au bout d'un chemin, blotties dans l'échancrure d'une butte, un groupe de trois ou quatre maisons d'un modèle identique, comme des cousines germaines.

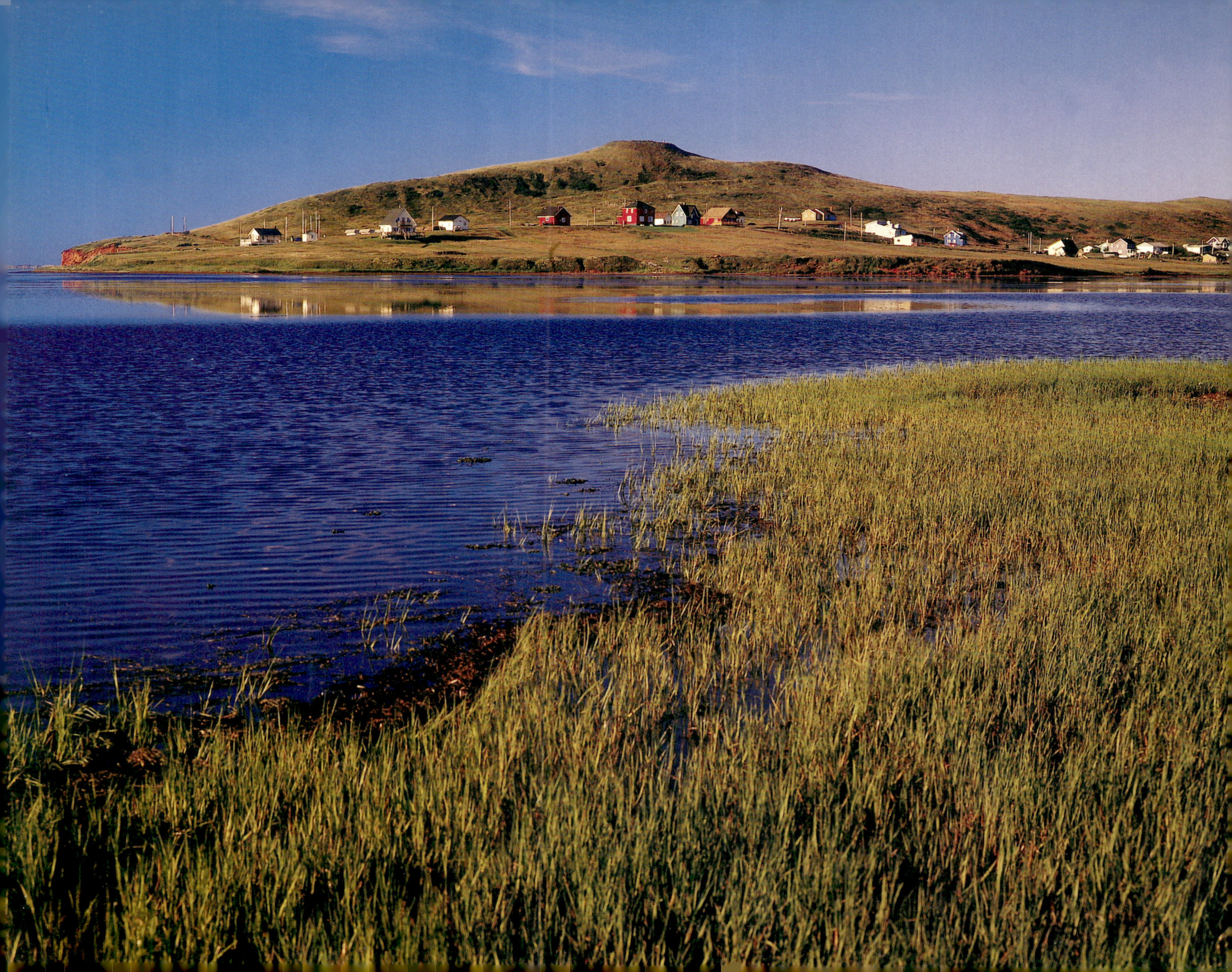

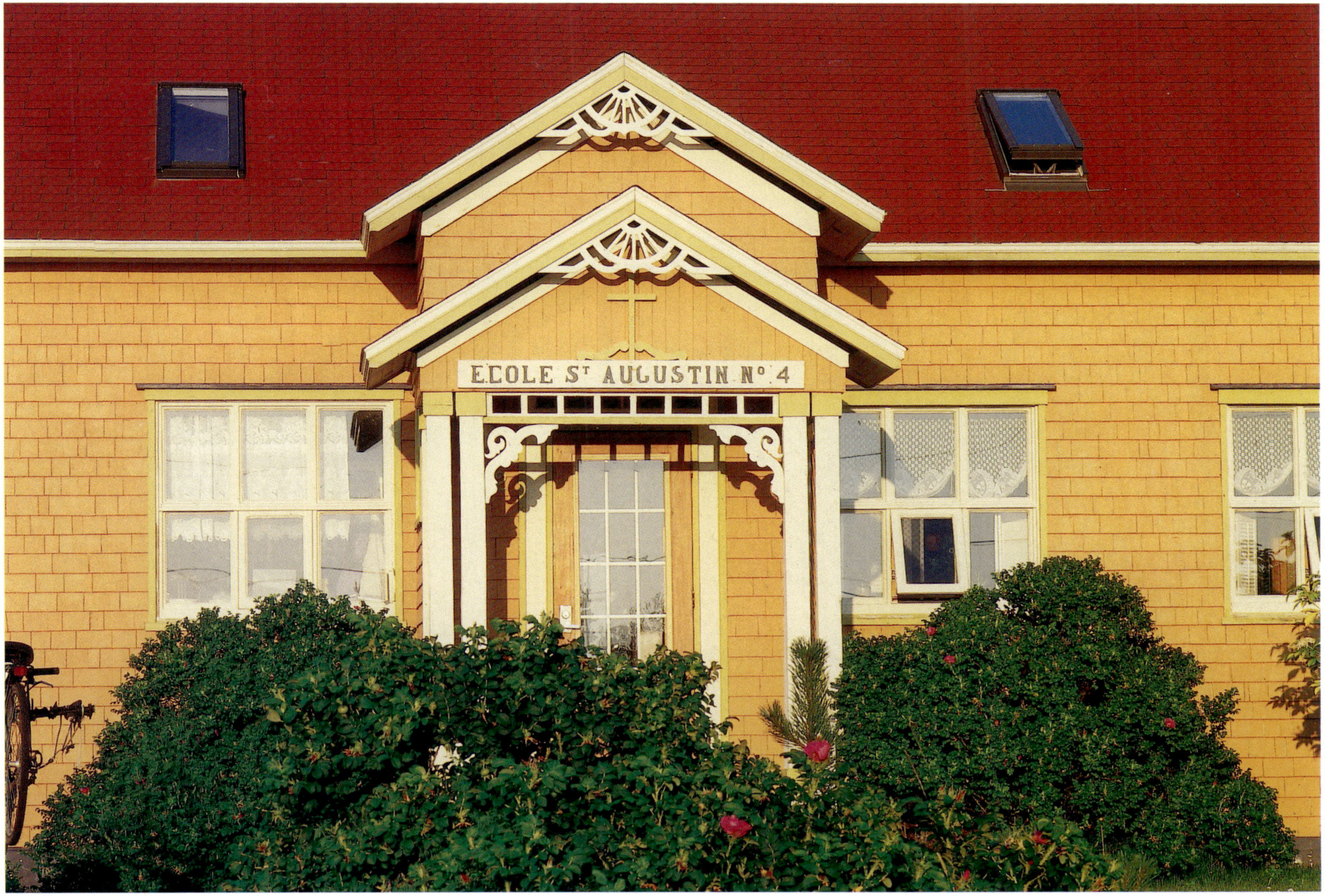

Havre-aux-Maisons : Et ce, avec un si stupéfiant aplomb, une telle fierté, qu'ils les avaient déjà incorporées dans le toponyme qu'ils donnaient à leur fond de baie : le Havre-aux-Maisons.

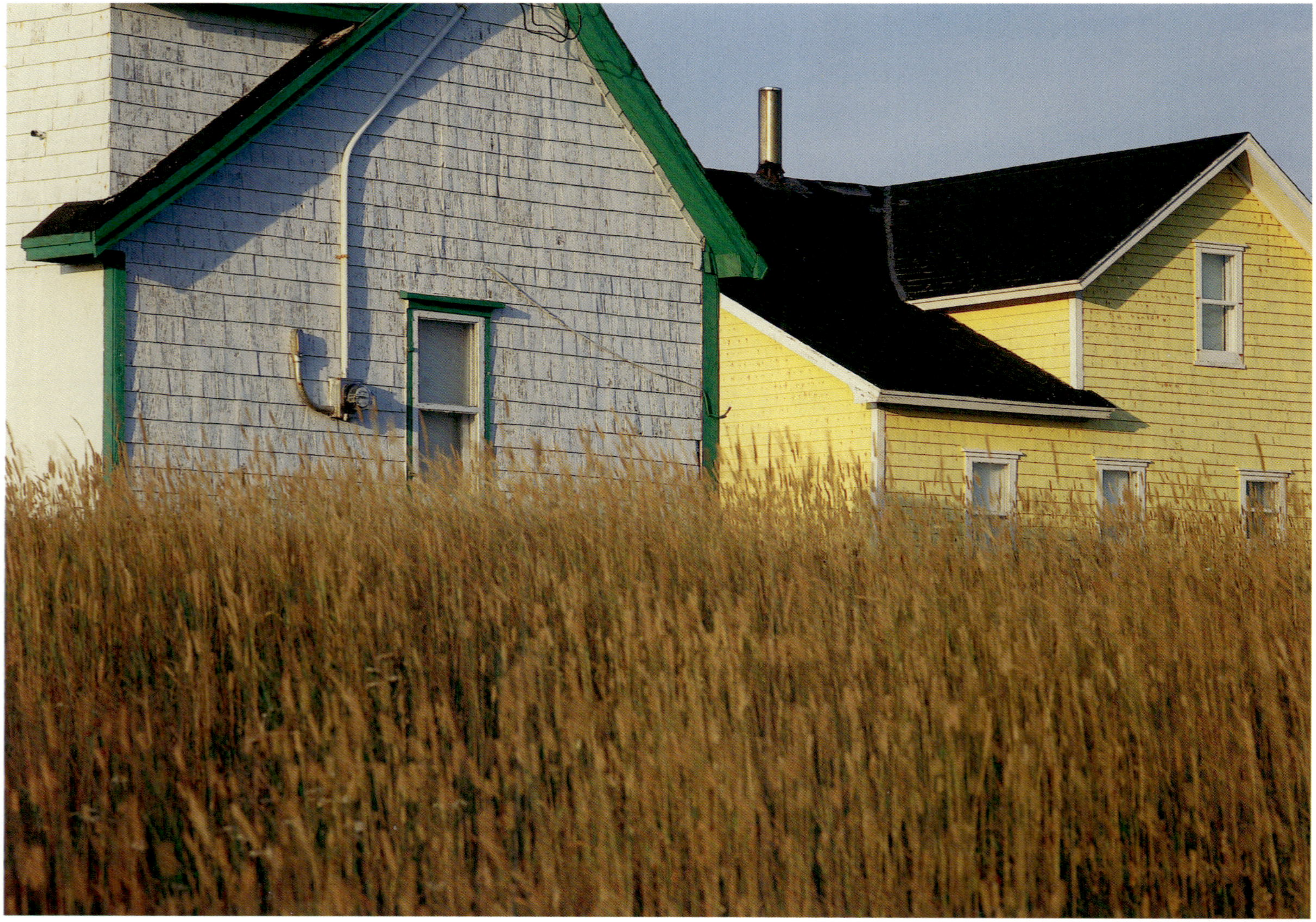

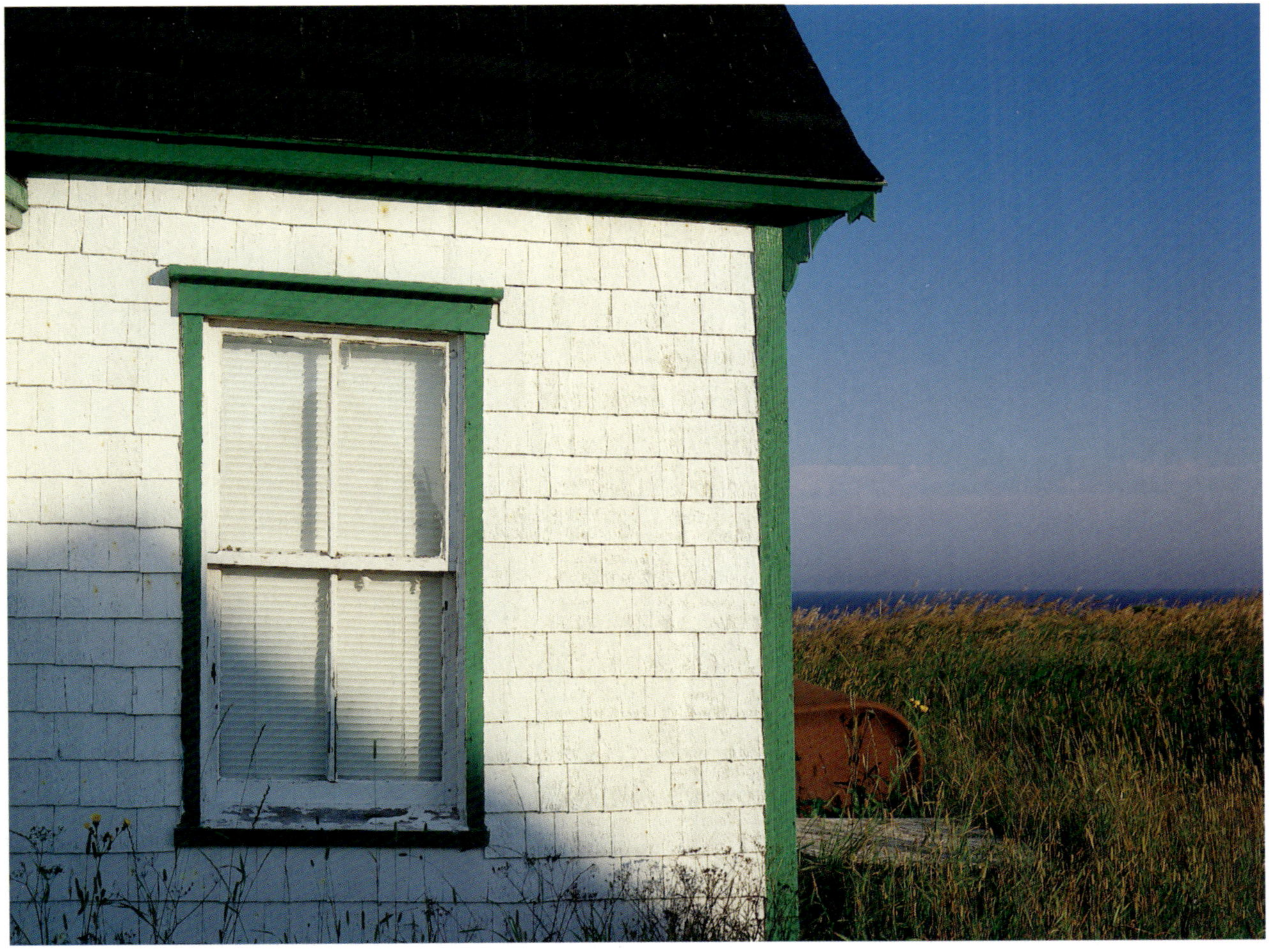

Pointe-aux-Loups : Cette dispersion de l'habitat sans rhyme ni raison apparantes étonne toujours le visiteur à son premier voyage dans l'archipel…

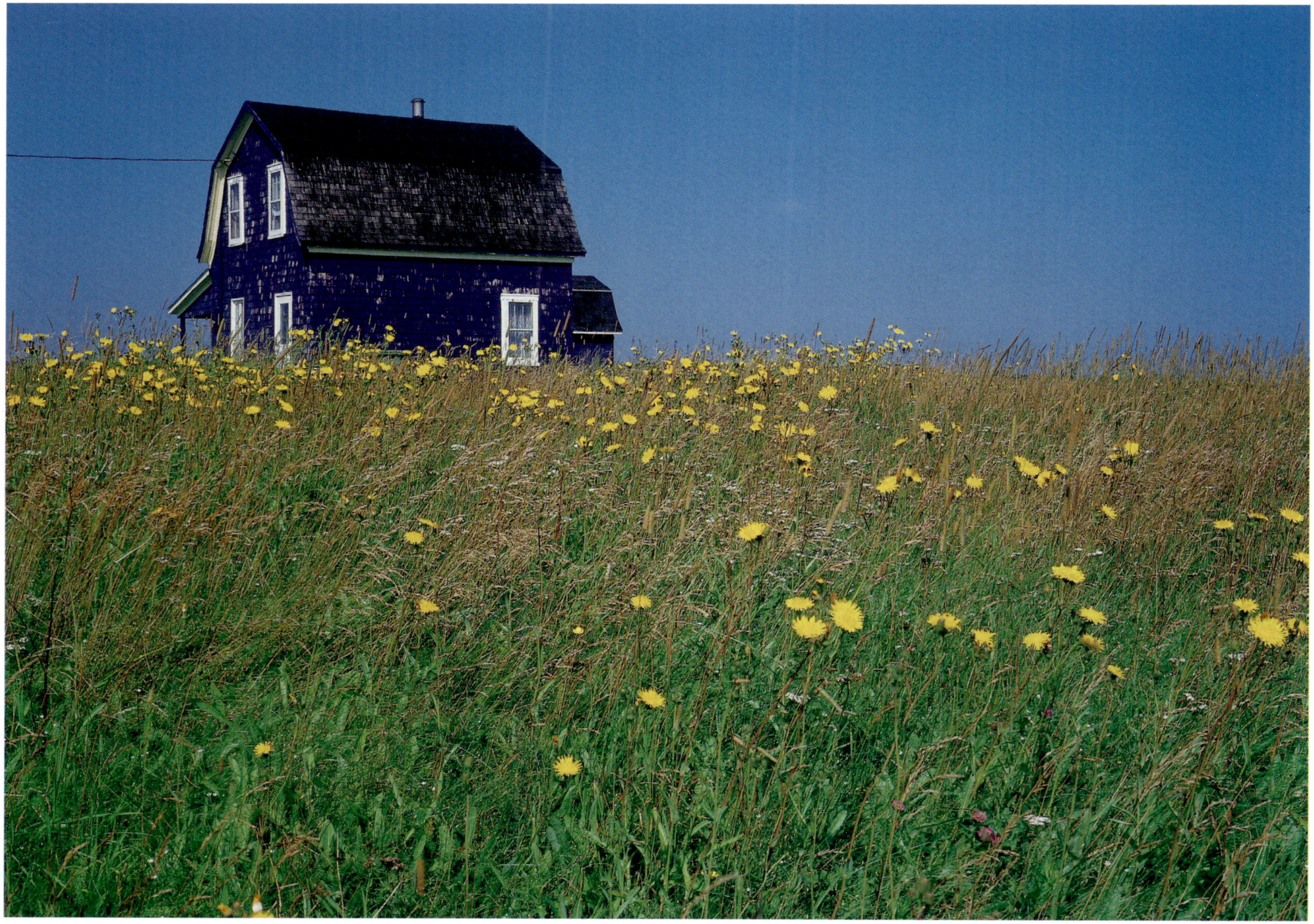

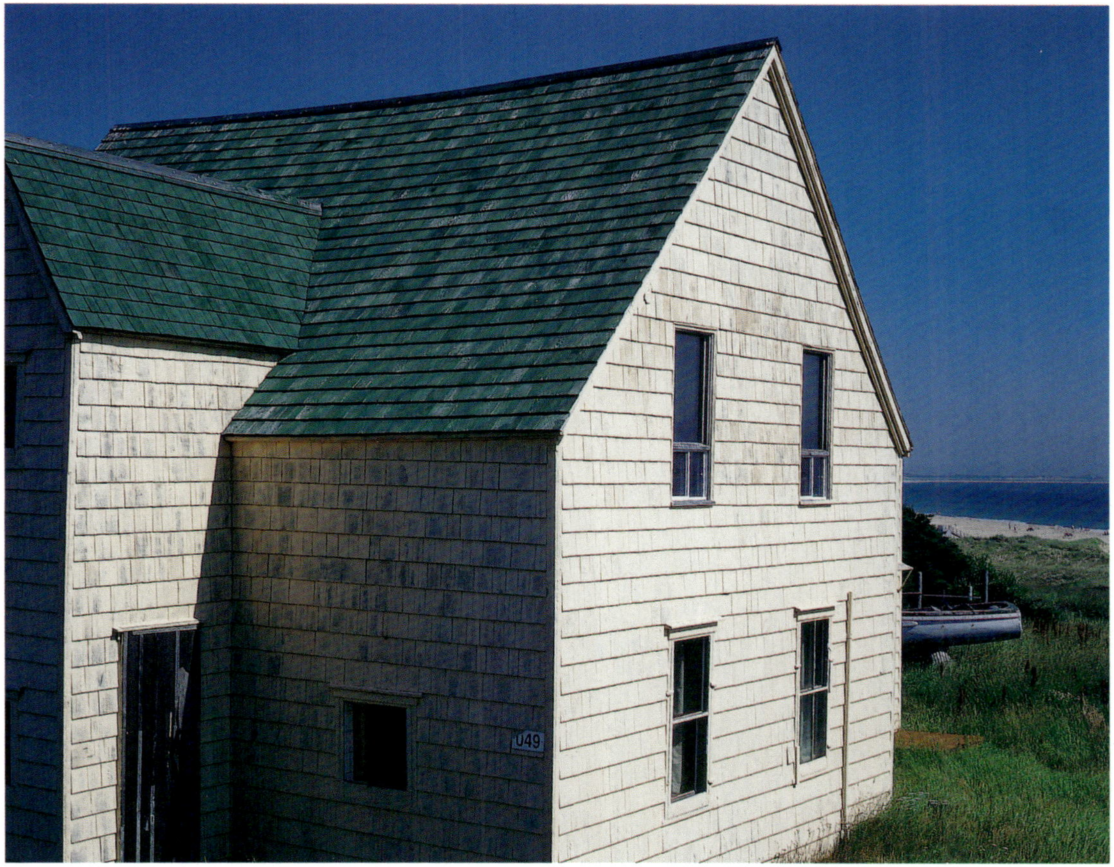

Old Harry : …tient au relief bosselé des îles et à la nature du terrain, volontiers humide, sinon marécageux, qui portaient les gens à choisir des buttes ou d'autre éminences pour y creuser leurs fondations.

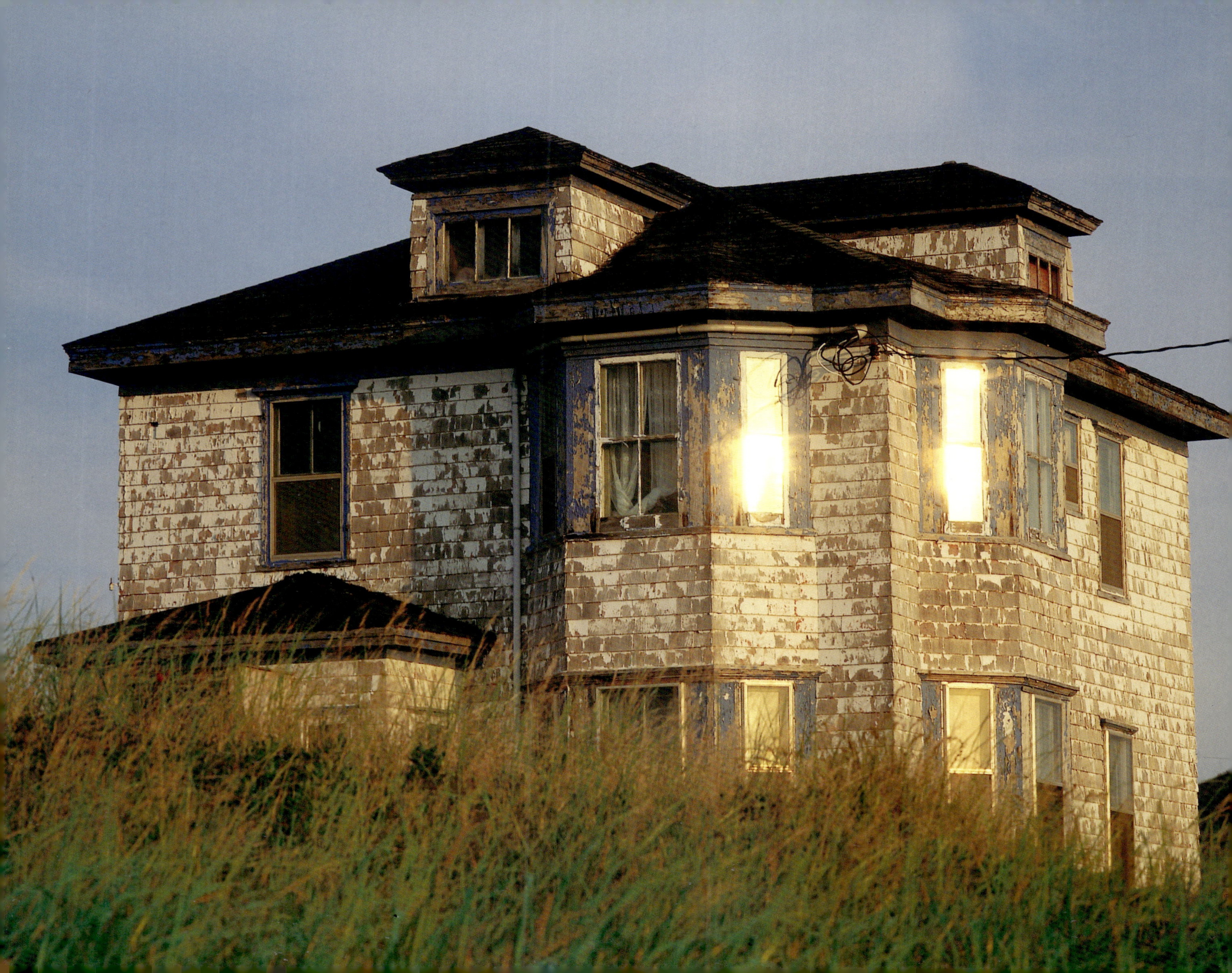

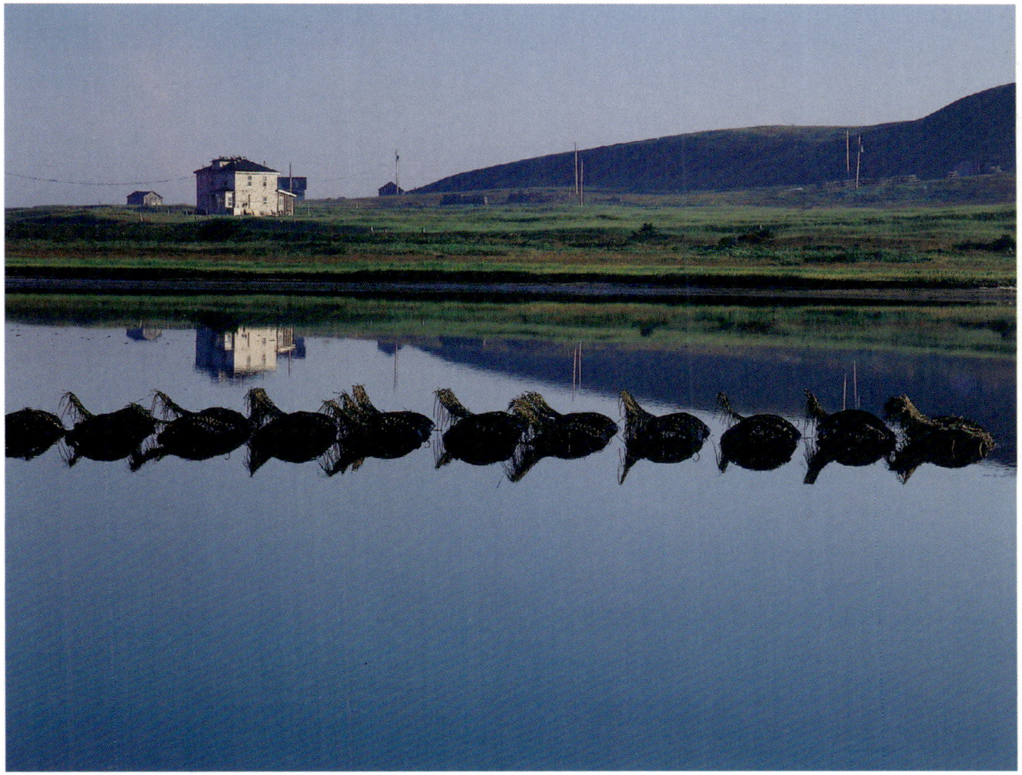

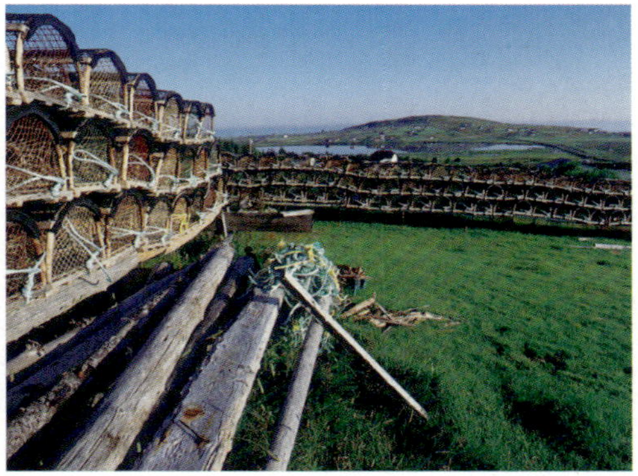

Grosse-Île : une acrobatie poétique qui verrait dans la dispersion des maisons une métaphore de celle des Acadiens!

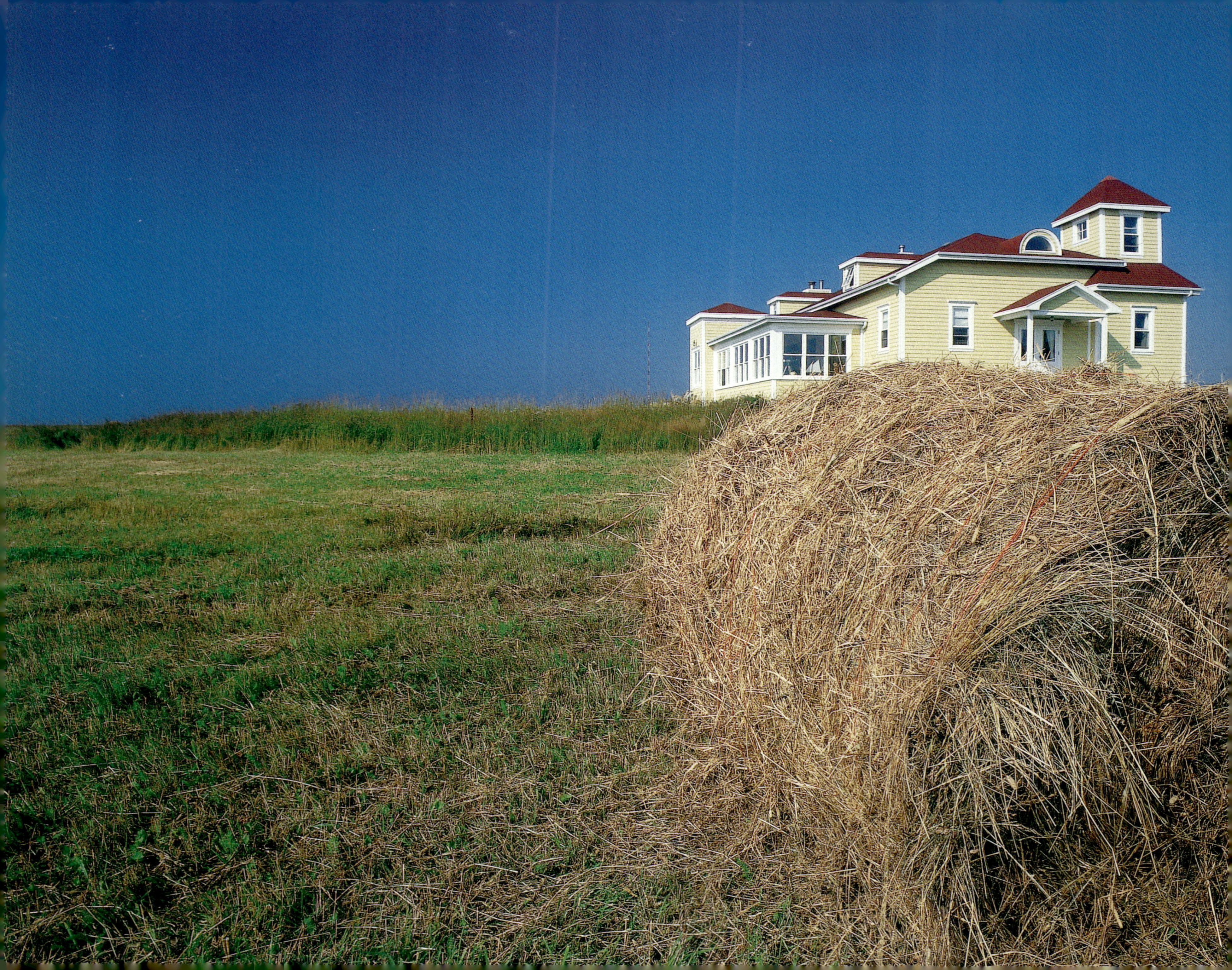

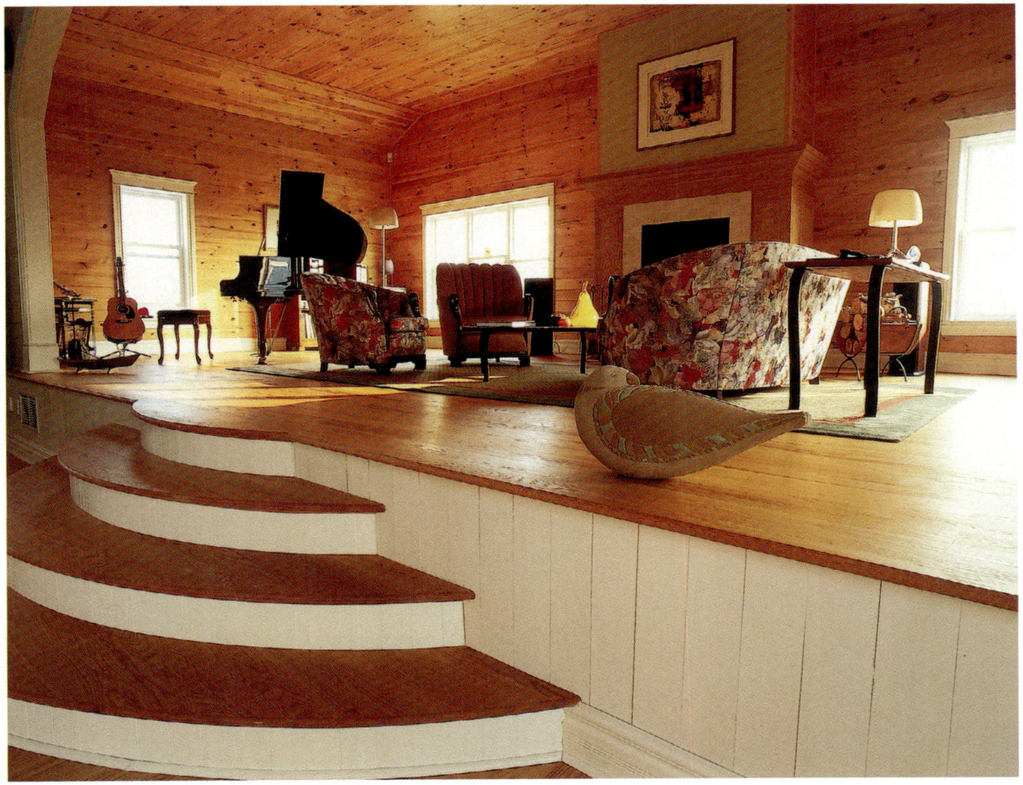

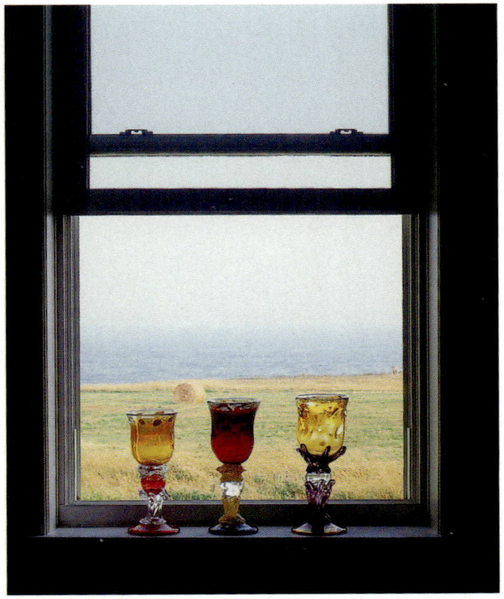

Bassin : La maison, la grange, les dépendances : de quels soins attentifs ne les couvrait-on pas!

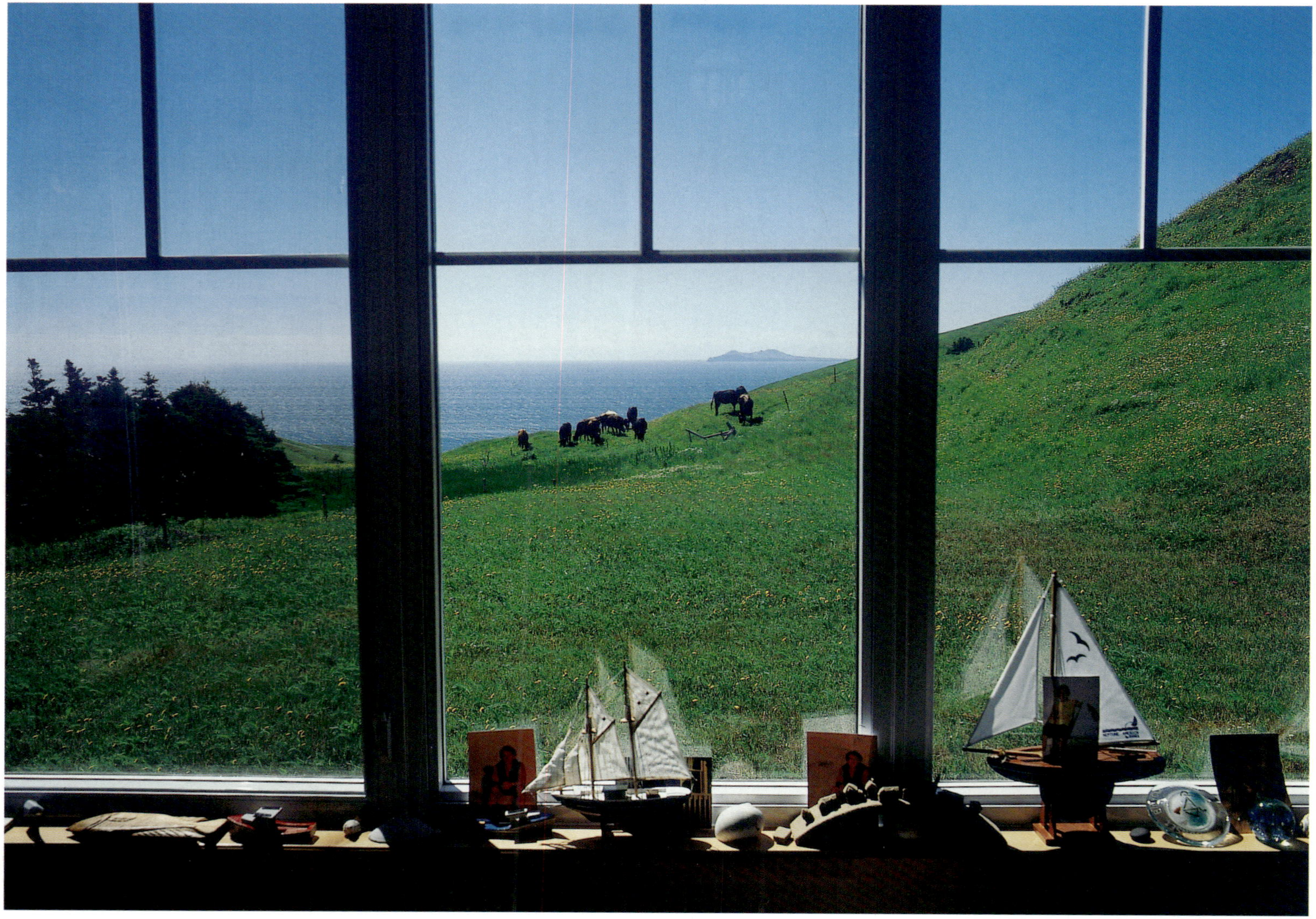

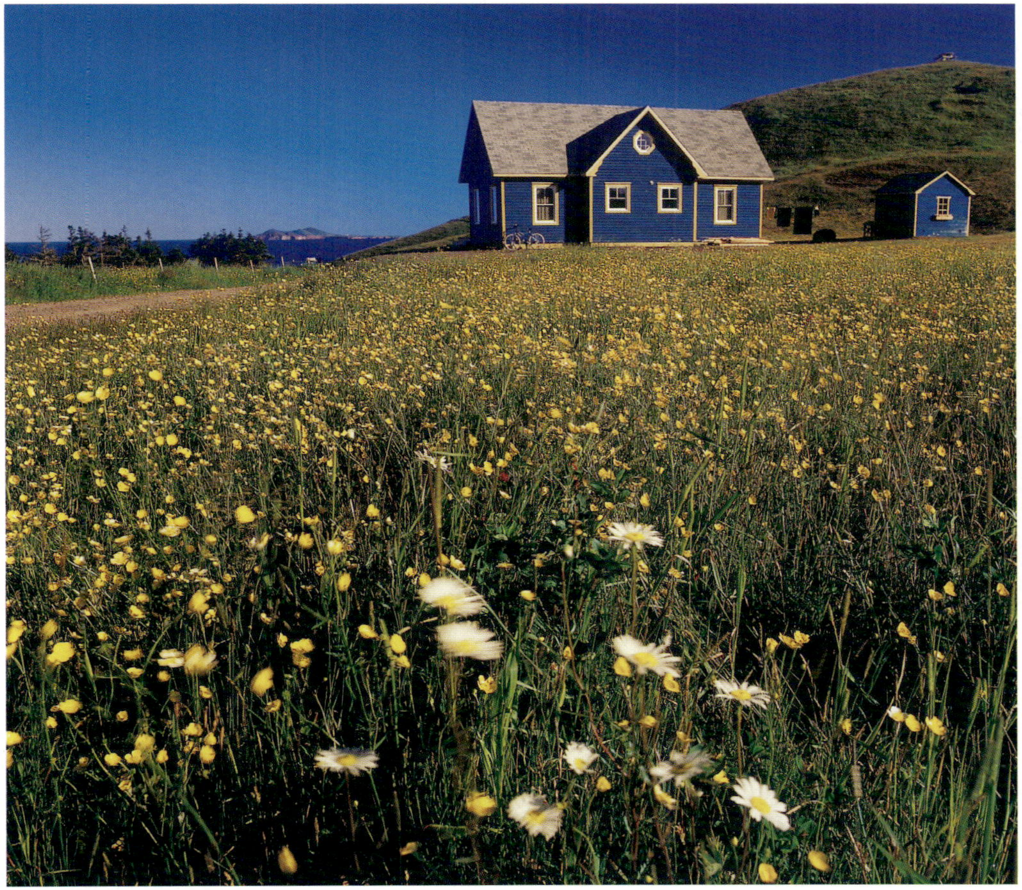

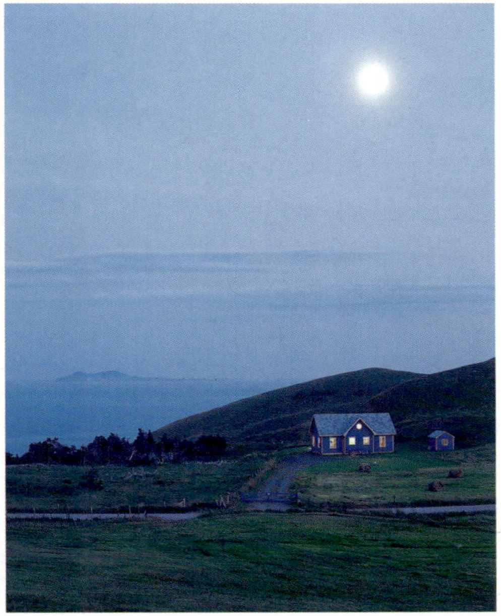

Havre-aux-Maisons : «Au pied des hauteurs, on apercevait parmi les arbres une humble maison blanchie au lait de chaux [...] Au delà, c'était la forêt remplie de chuchotements et de mystères; on y allait en suivant un sentier sauvage, tracé par les pieds des bêtes.»

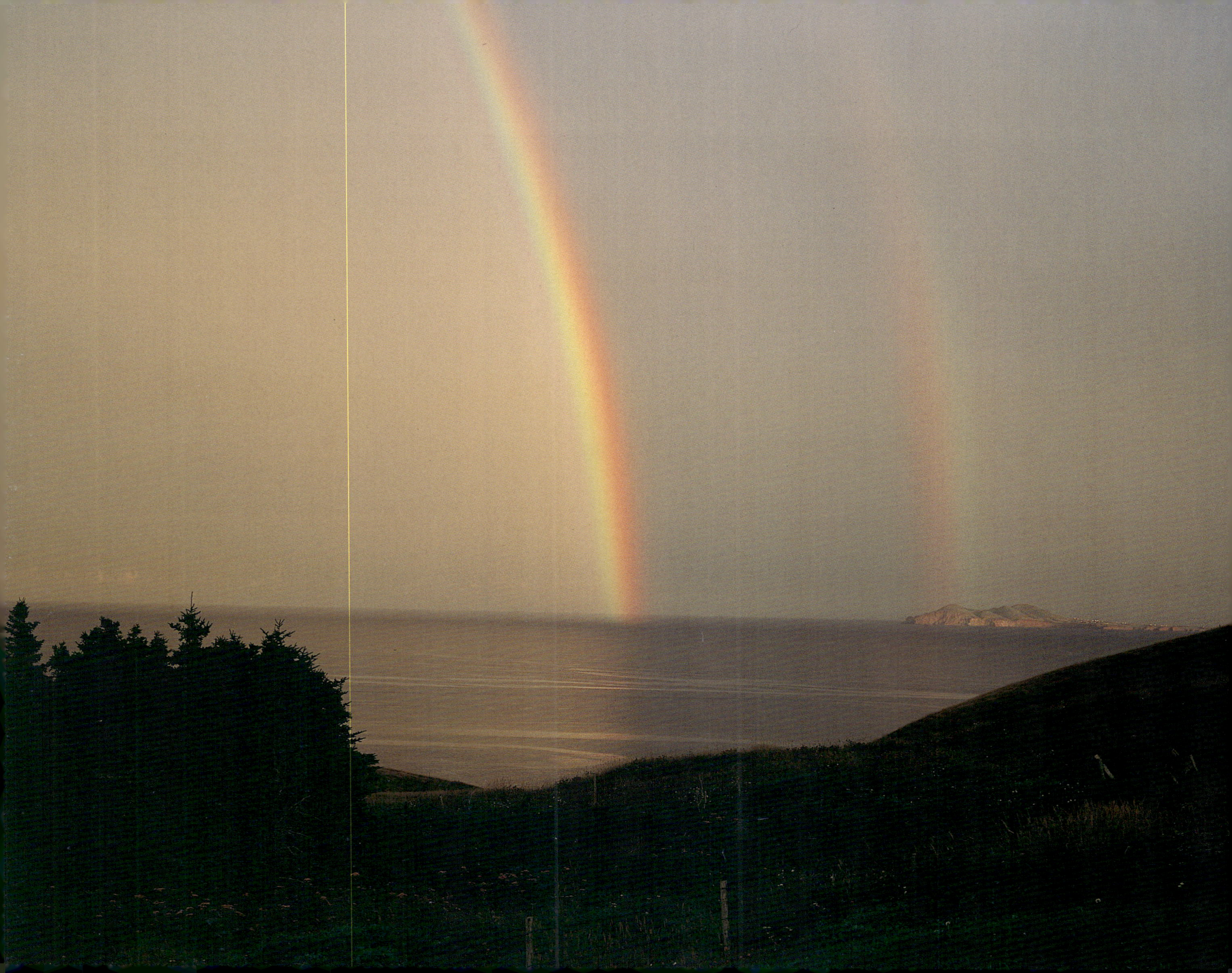

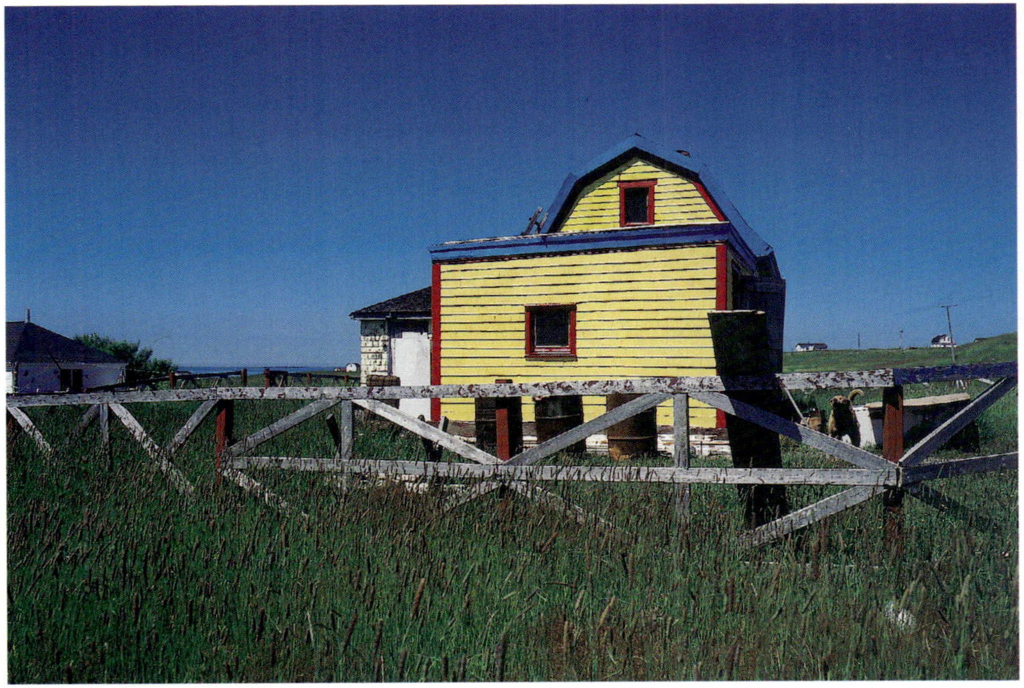

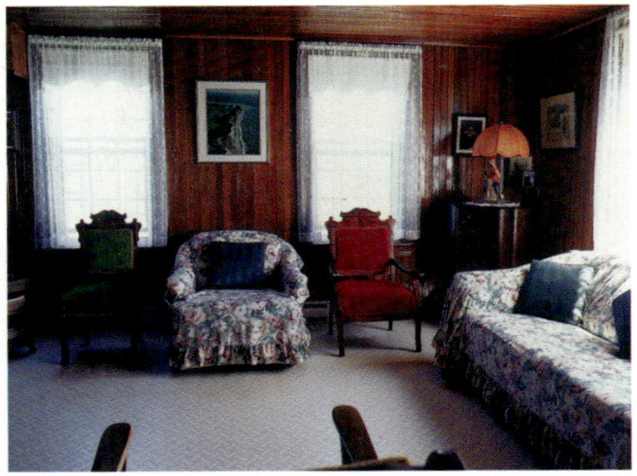

L'Île d'Entrée : On peut envisager la multiplication des maisons dans le paysage comme une parthénogénèse ou une scissiparité…

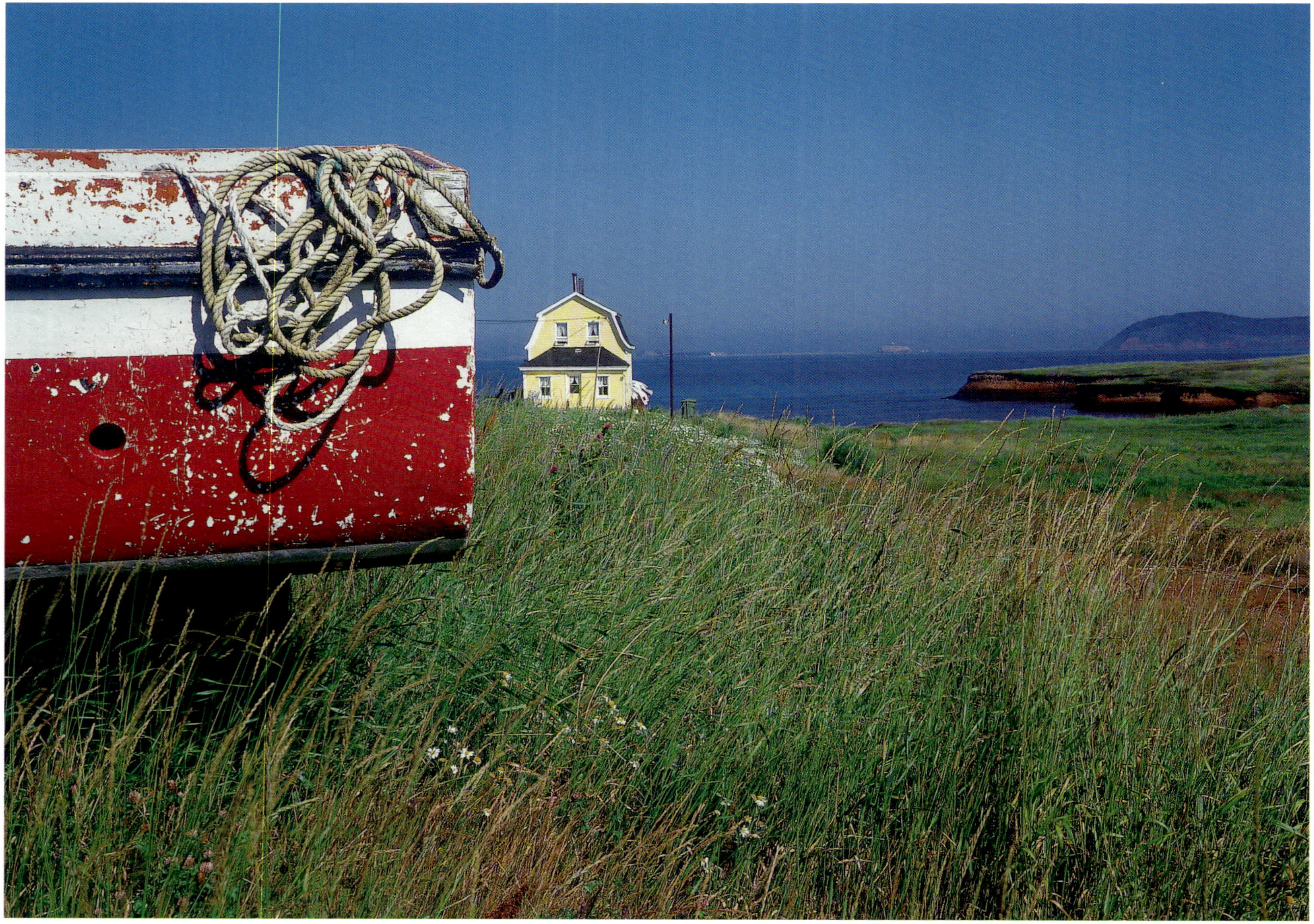

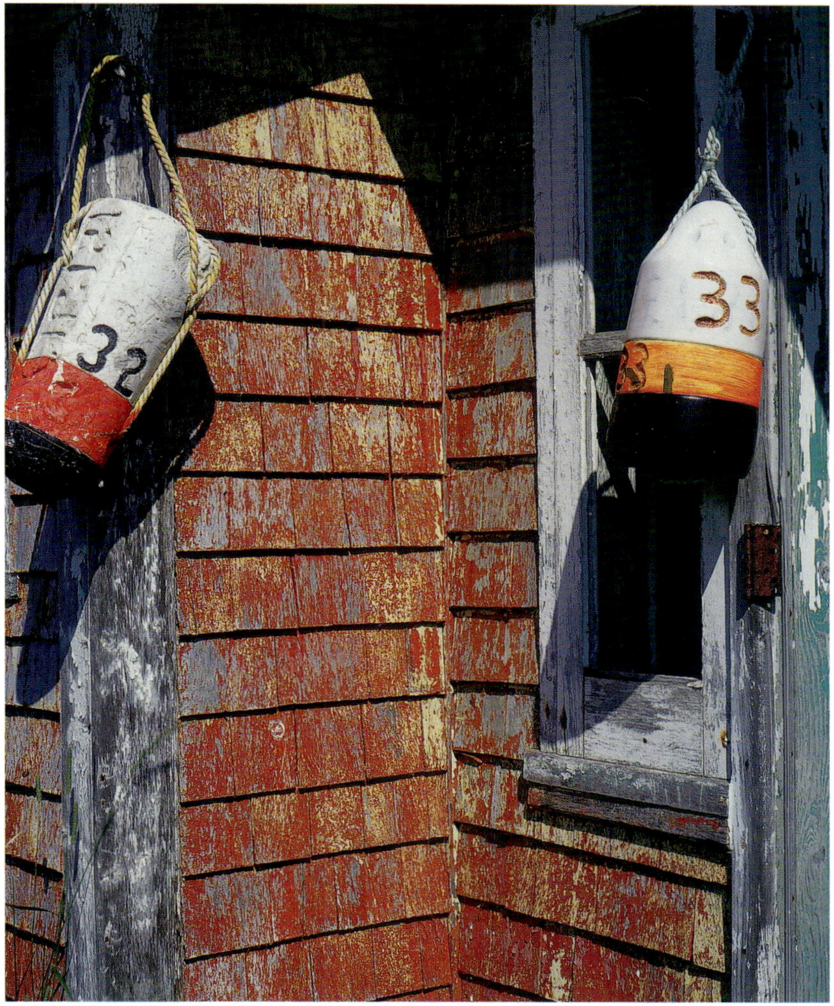

Grand-Entrée : chaque maison en engendrant d'autres…

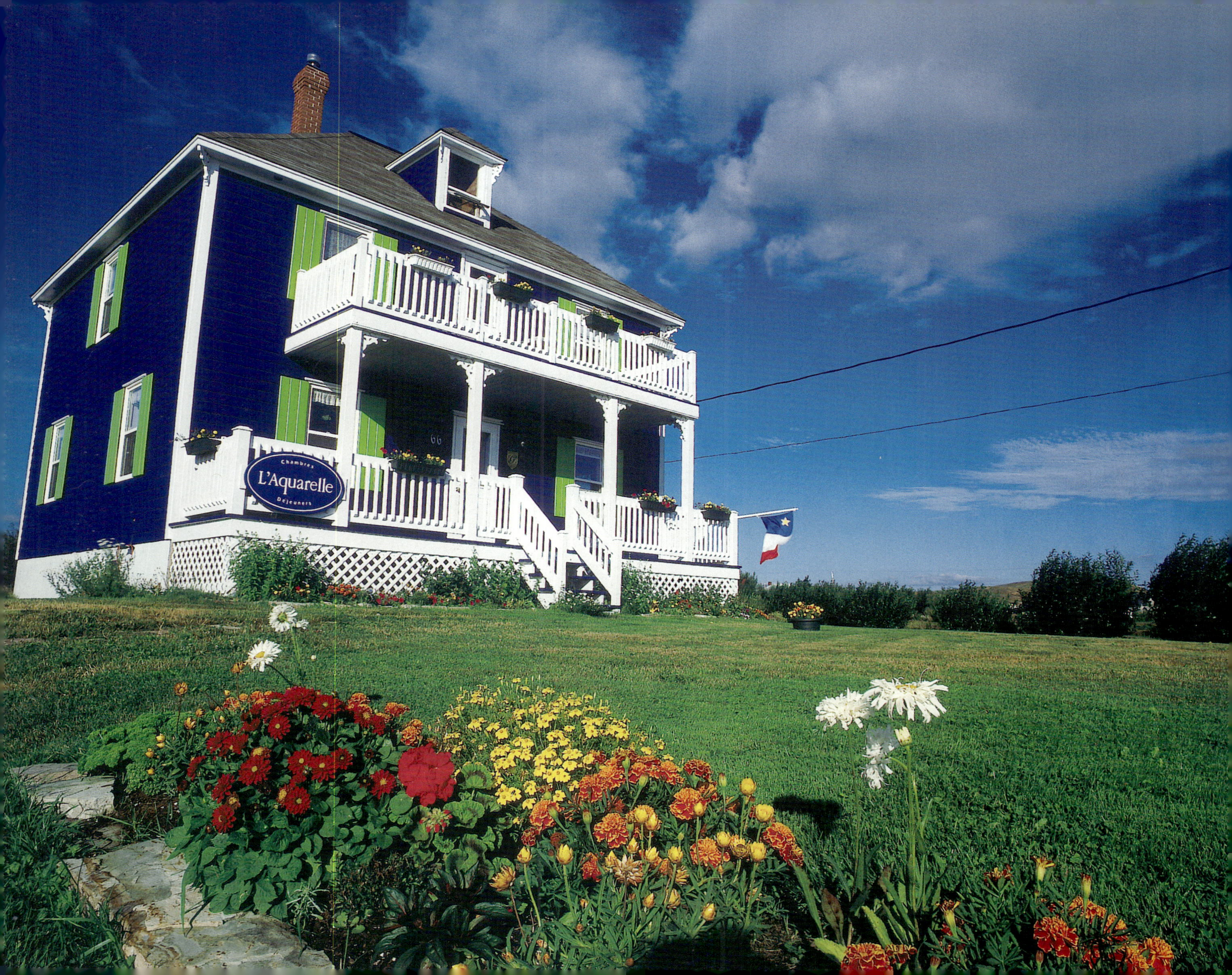
Chambres
L'Aquarelle
Dejeuners

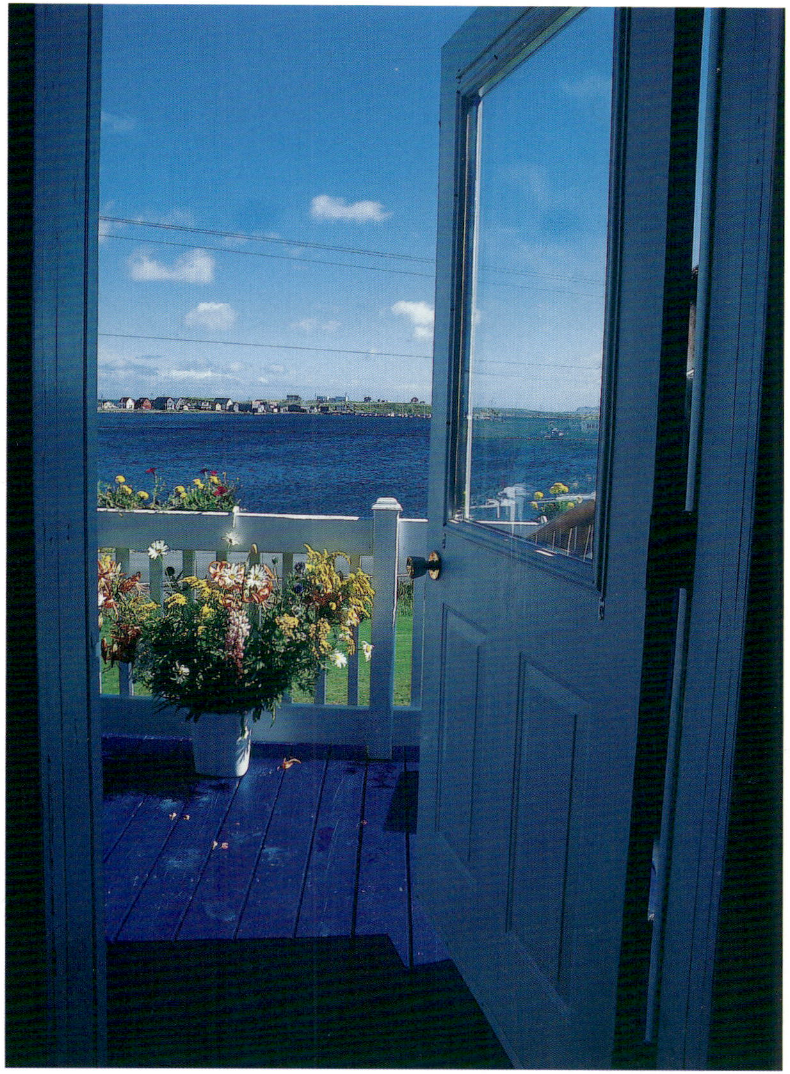

La Grave : Une étude plus attentive des maisons, de leur forme, leur style, leur couleur, peut elle aussi révéler les liens de parenté de ceux qui les habitent.

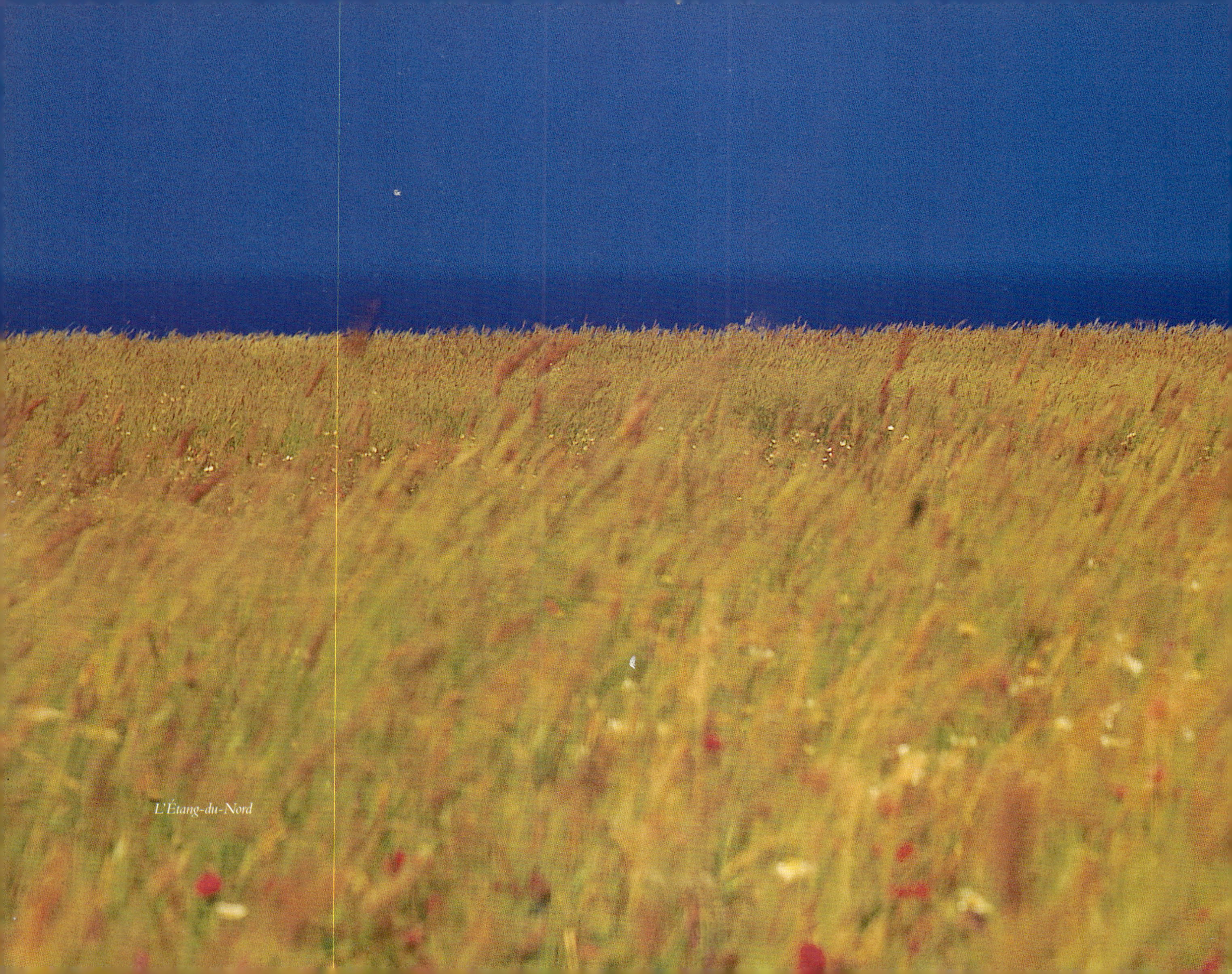

L'Étang-du-Nord

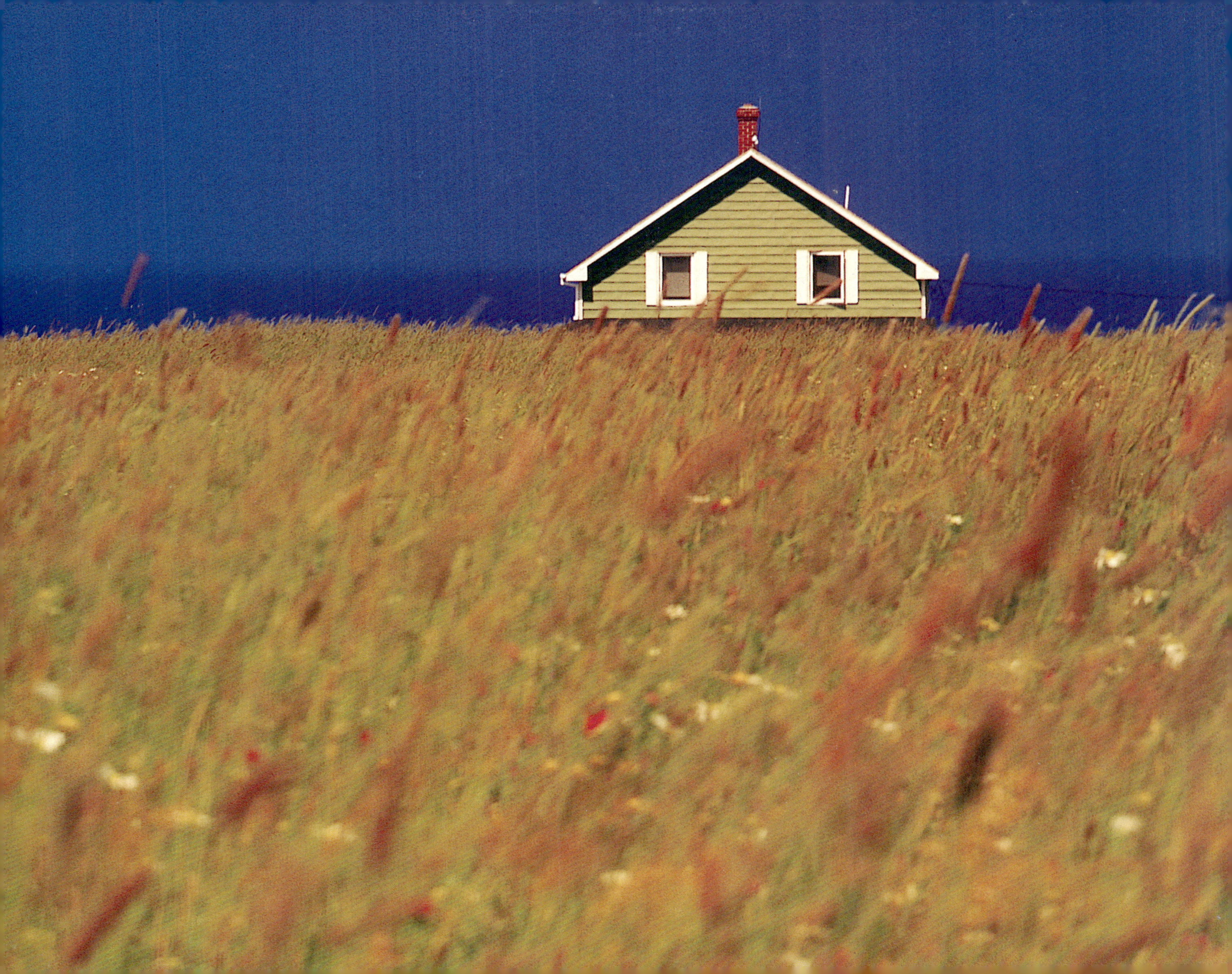

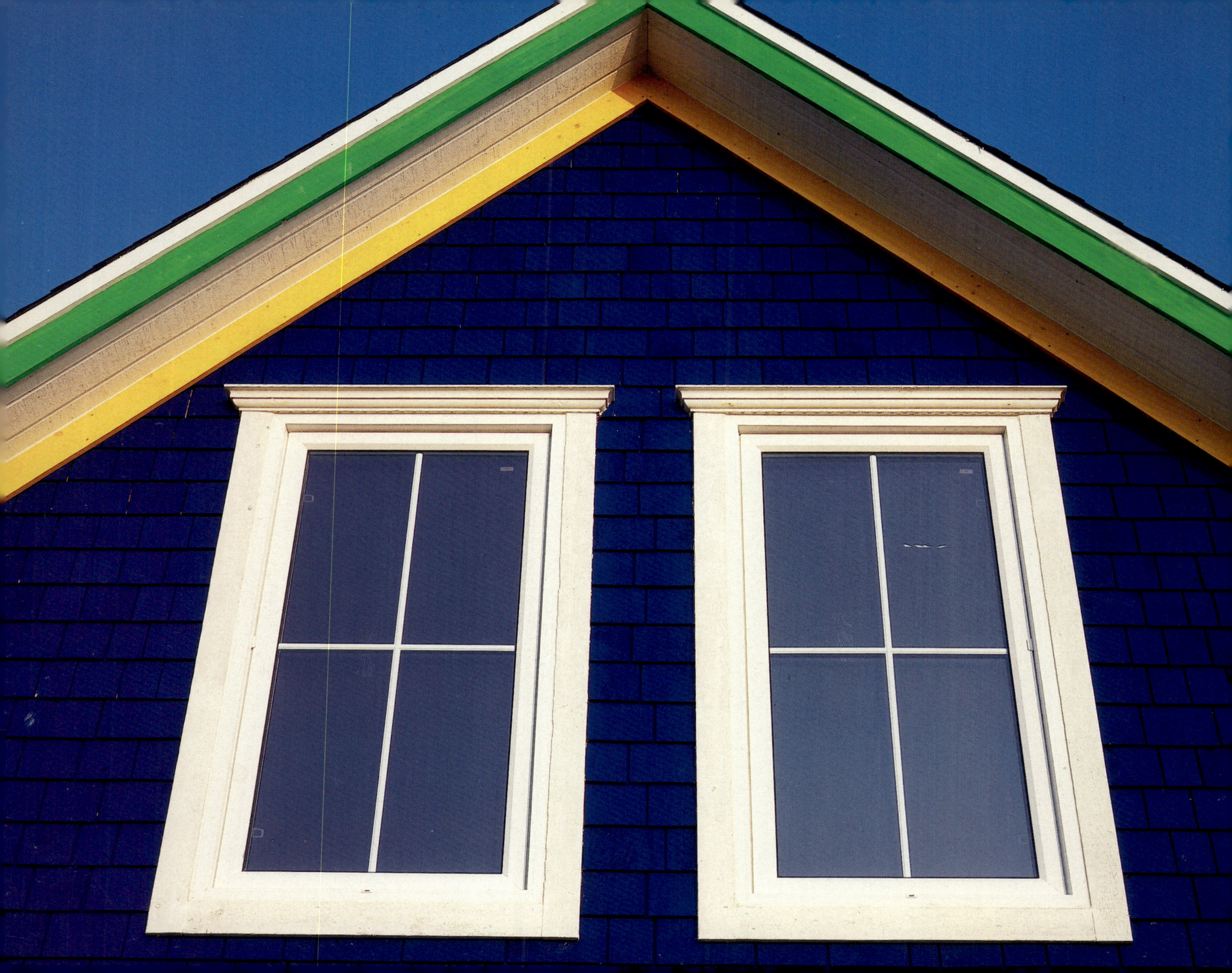

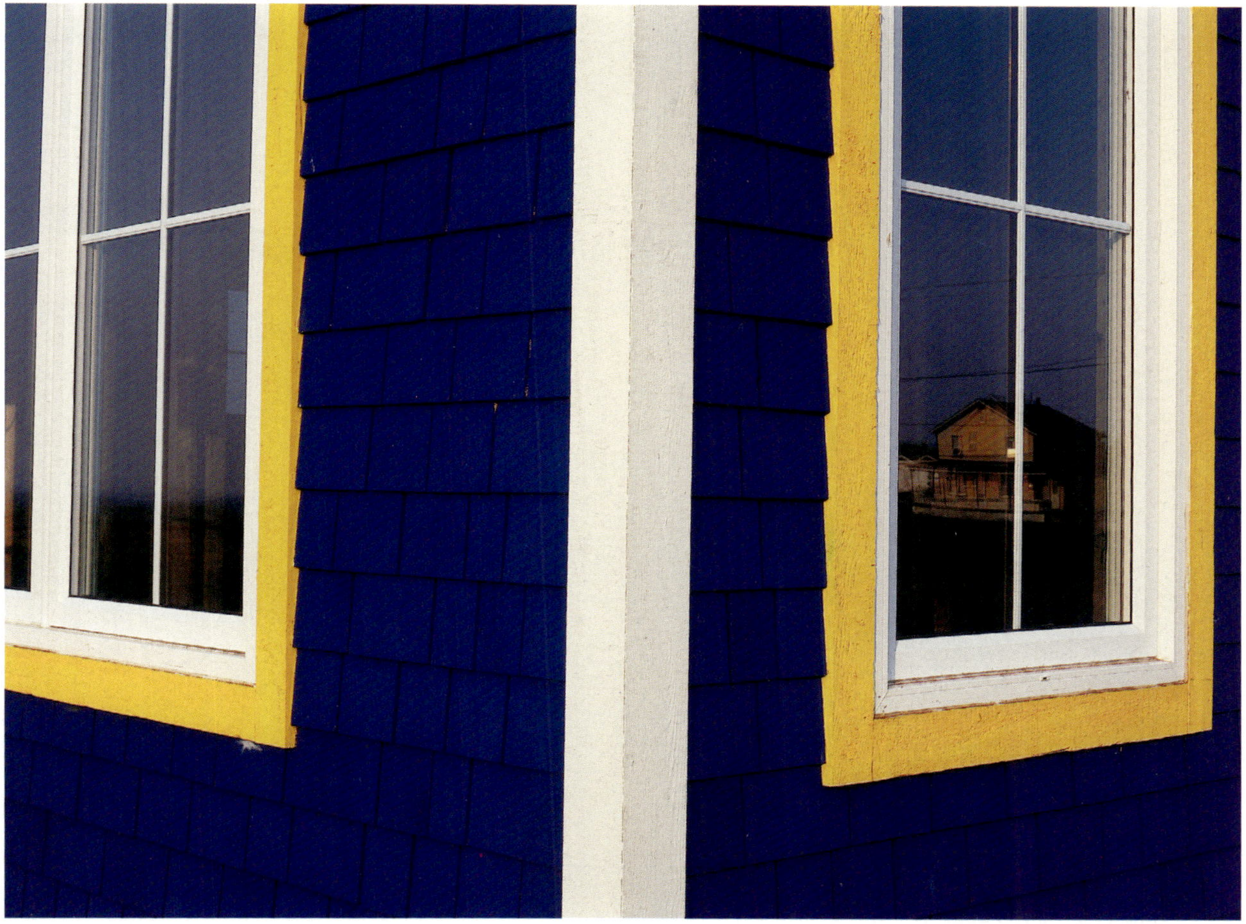

Cap-aux-Meules : Ce prodigieux exercice mnémonique s'appelle apprendre, et son résultat, connaître ses maisons—comme on connaît ses tables de multiplication, son petit catéchisme ou ses déclinaisons latines.

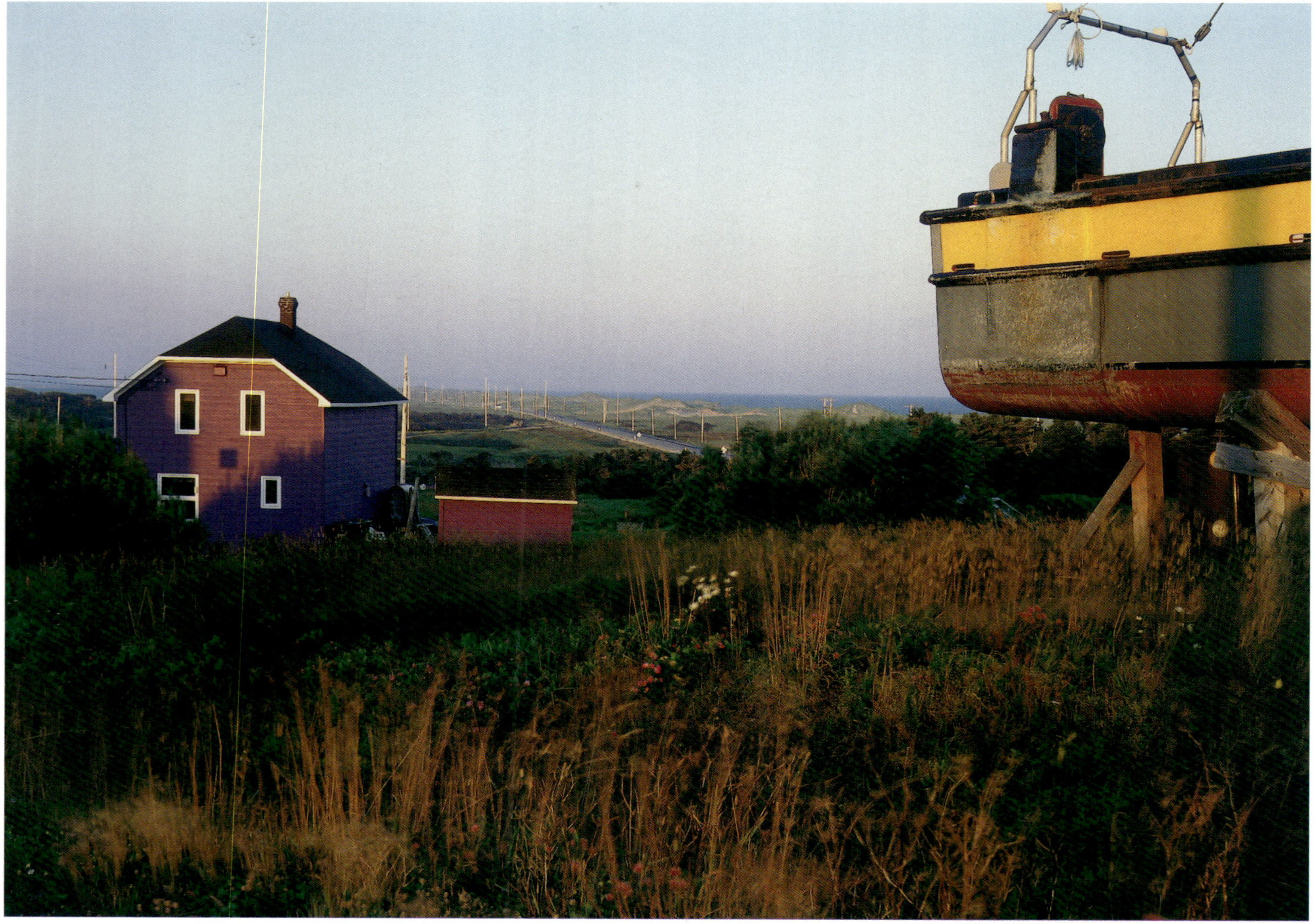

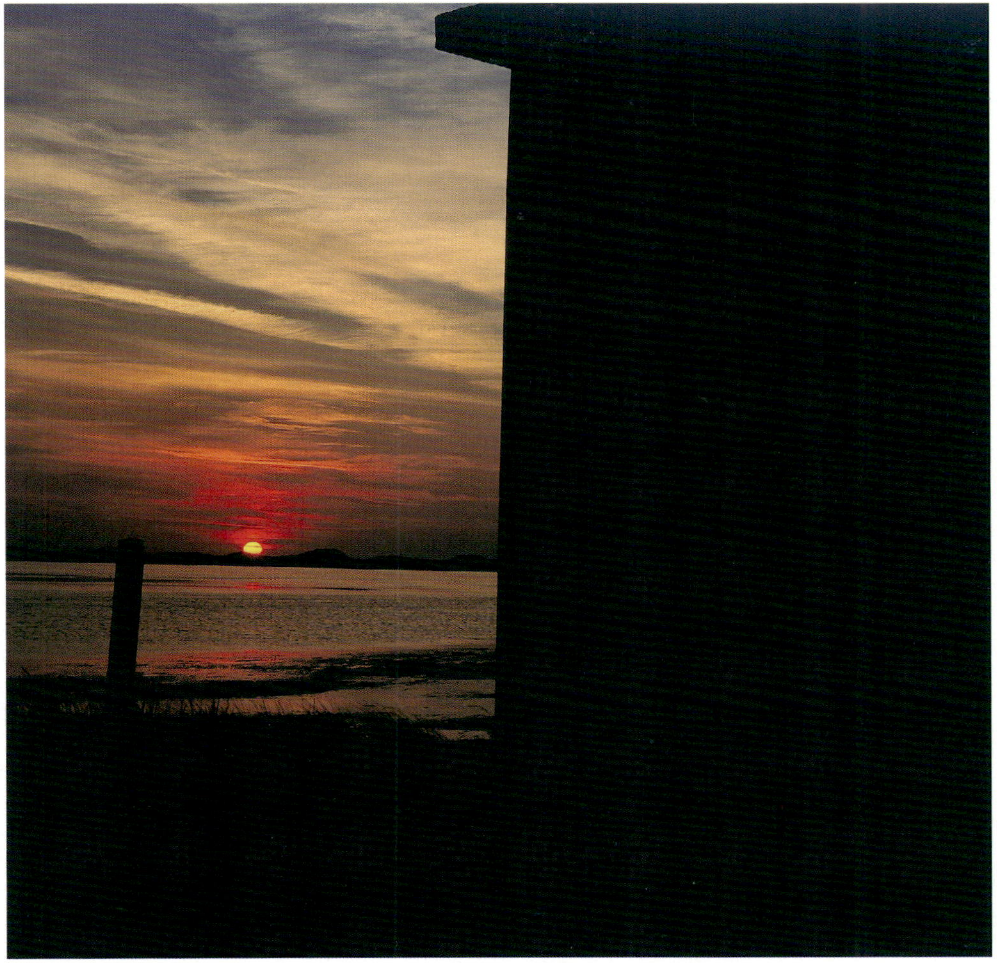

Pointe-aux-Loups : ...chaque famille de maisons découlant d'un même parangon...

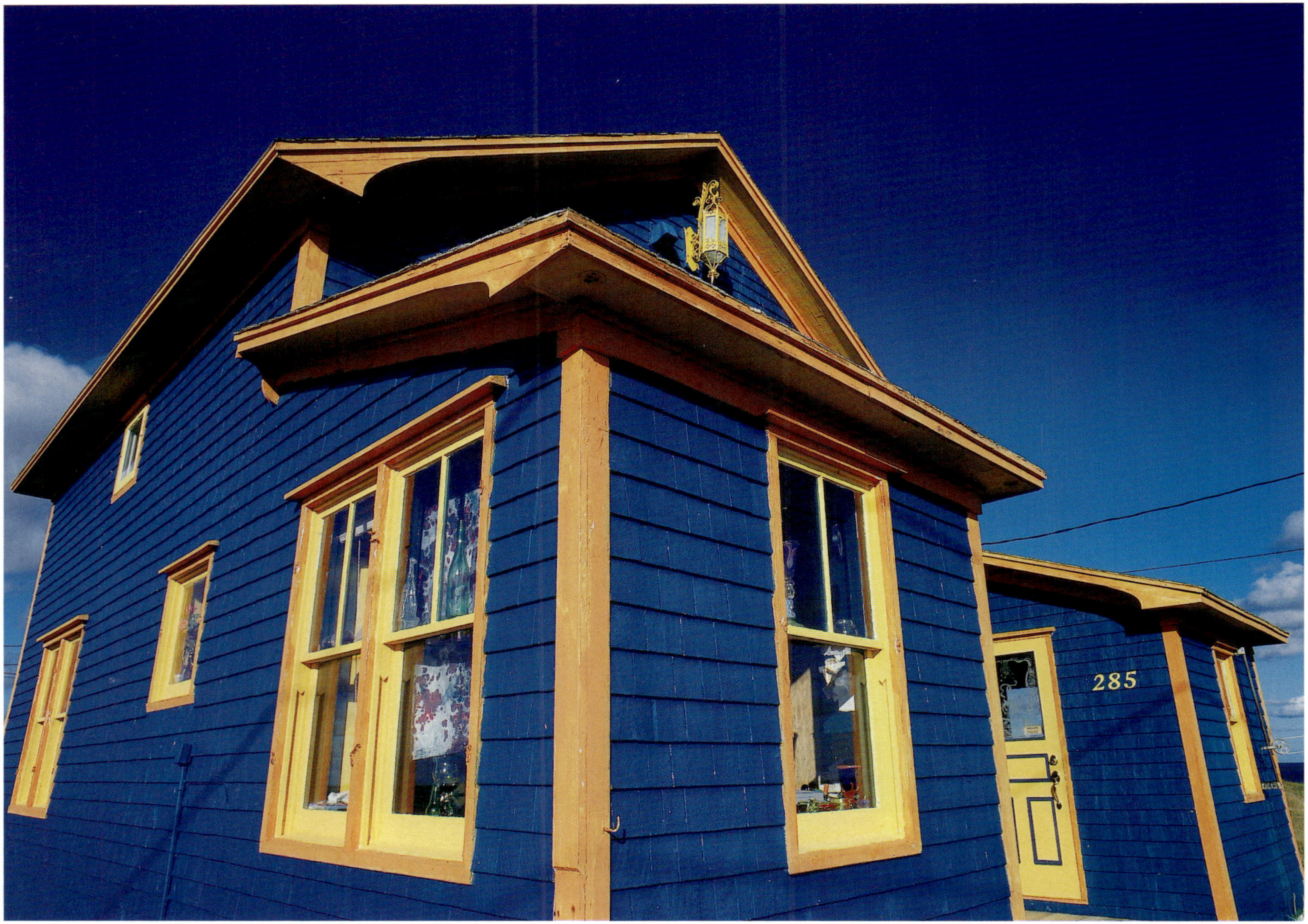
285

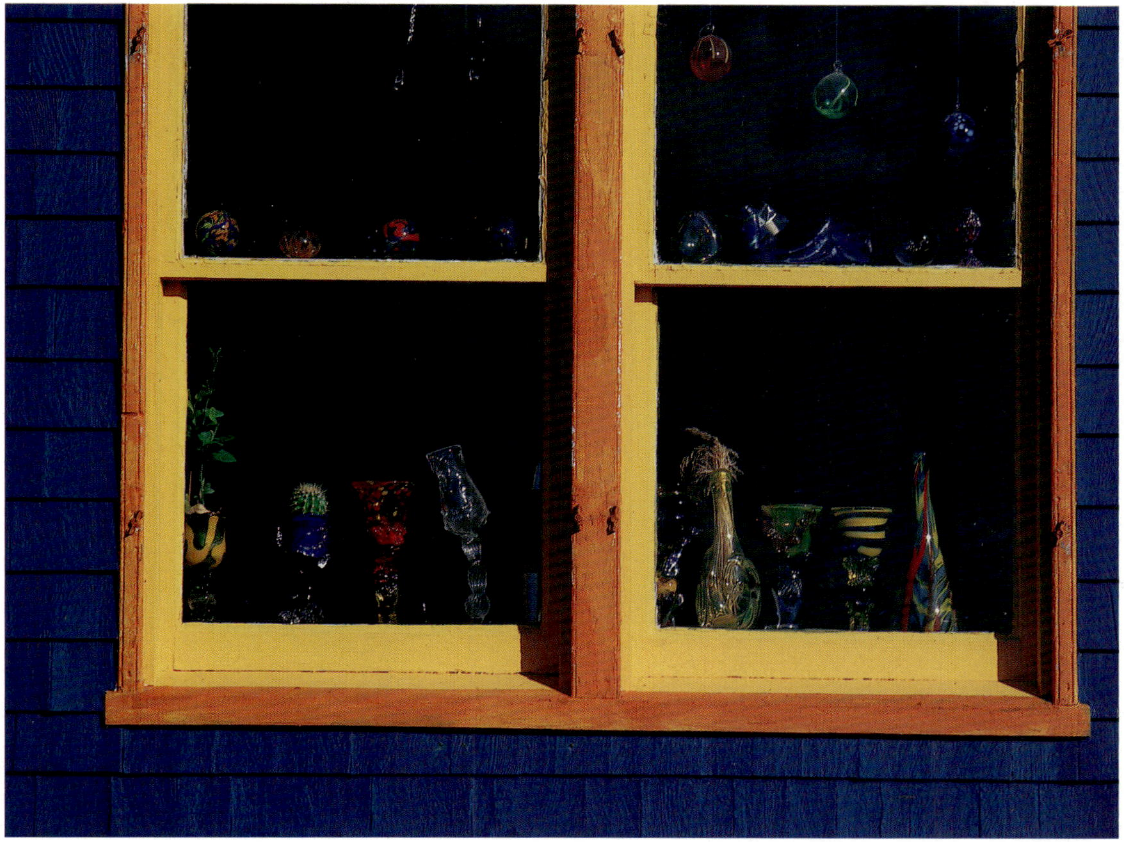

Cap-aux-Meules : Dans l'en-premier [...] ces belles peintures résistantes au climat n'existaient tout simplement pas encore.

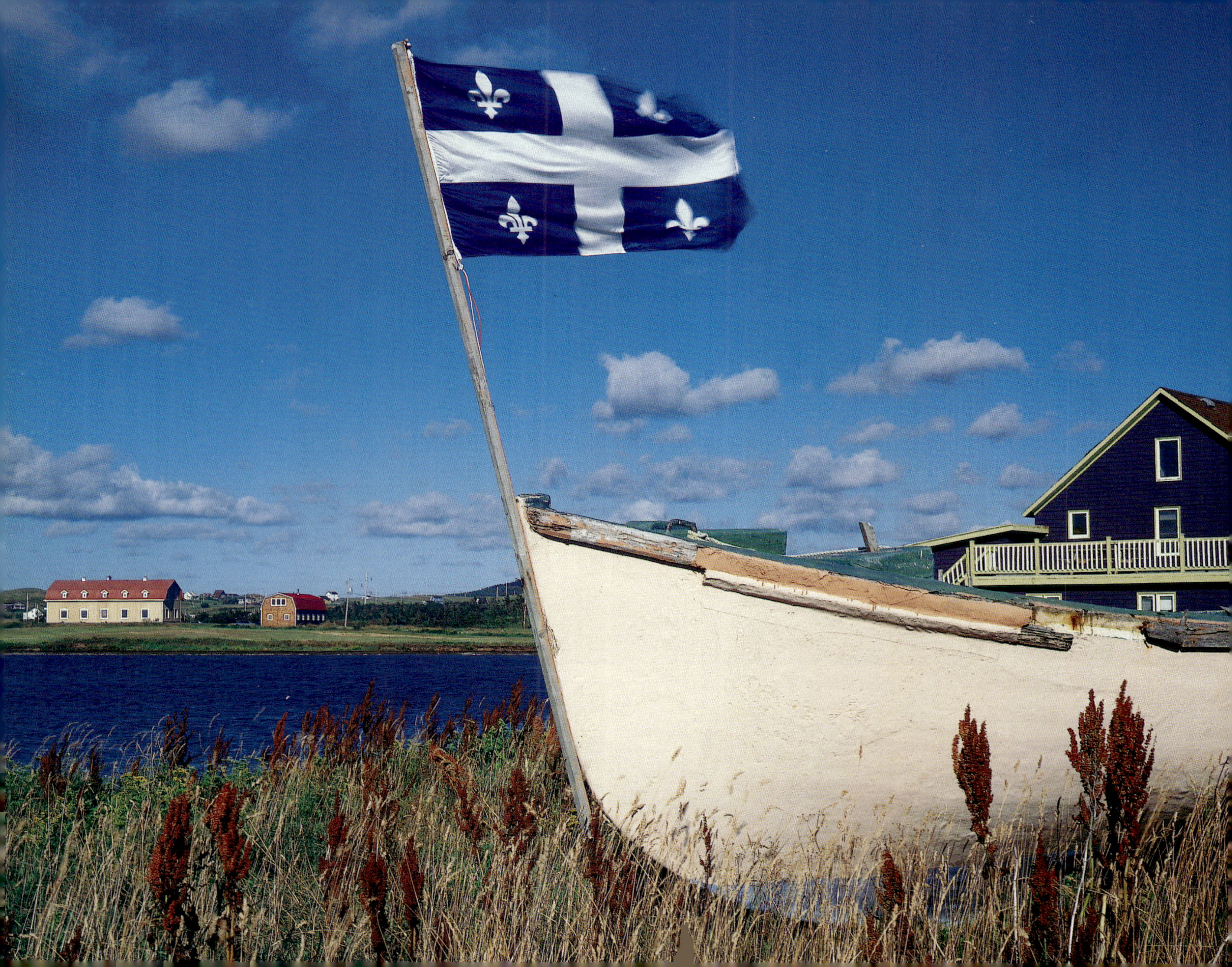

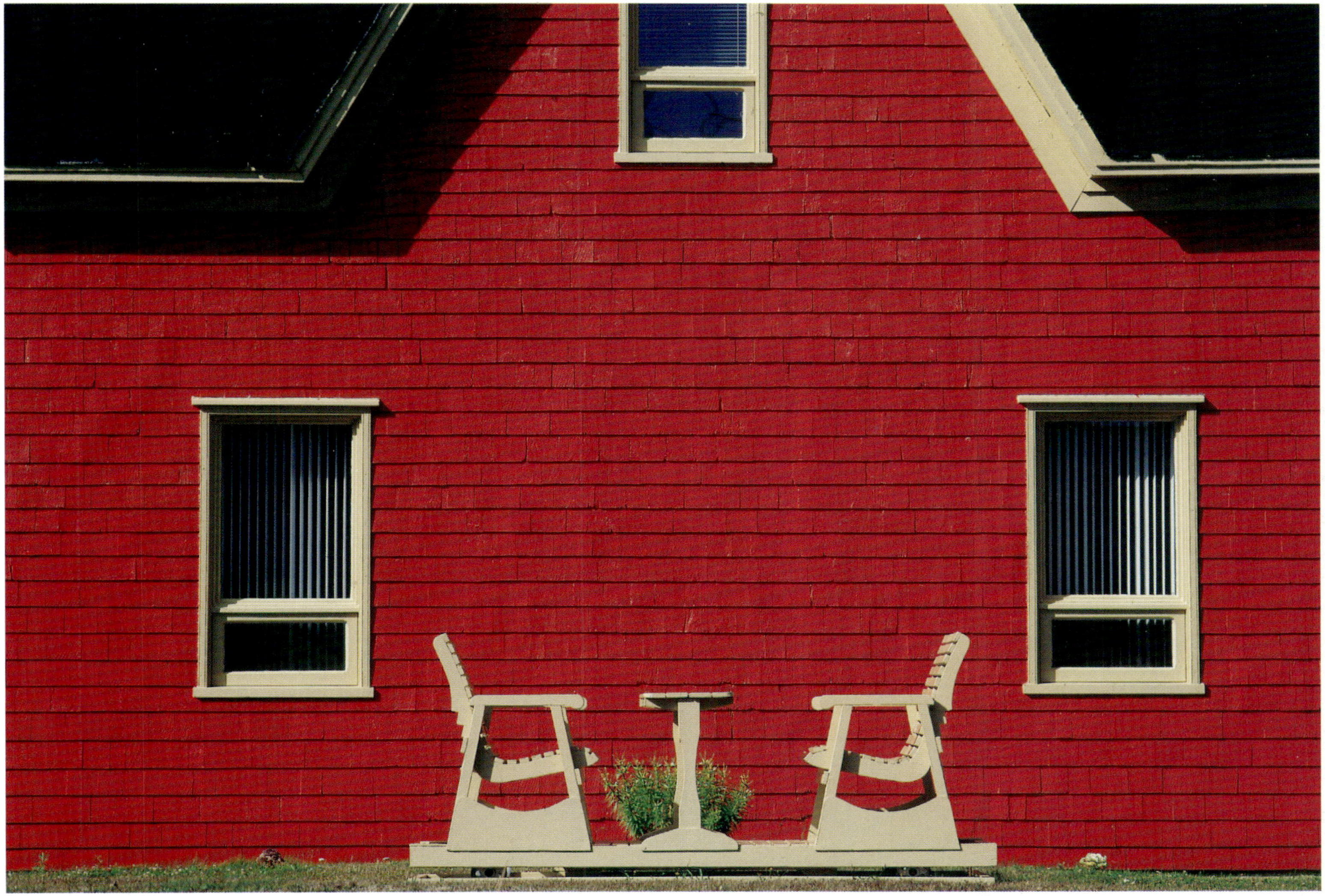

Havre-aux-Maisons : Le vent! C'était et c'est encore l'ennemi absolu des constructions.

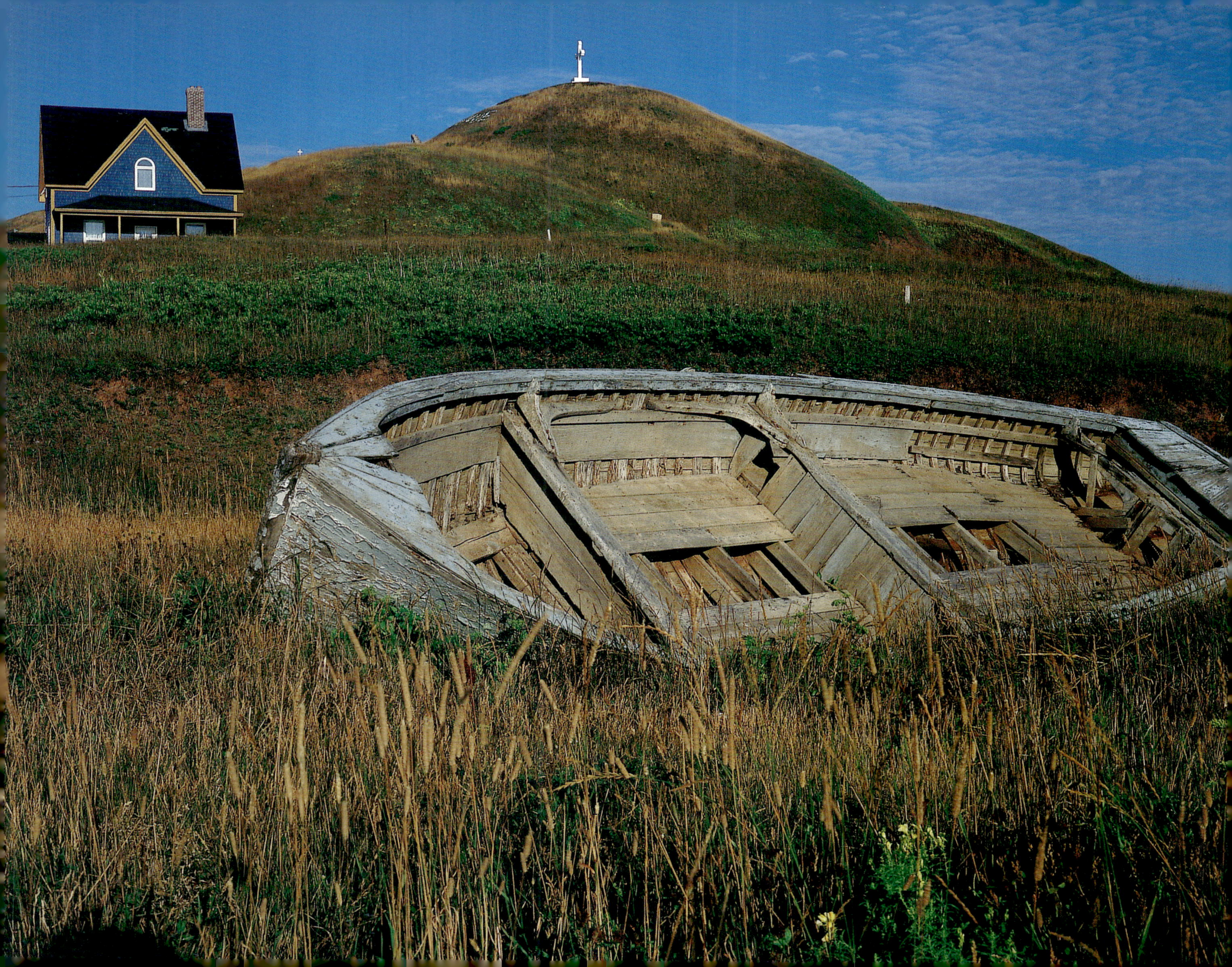

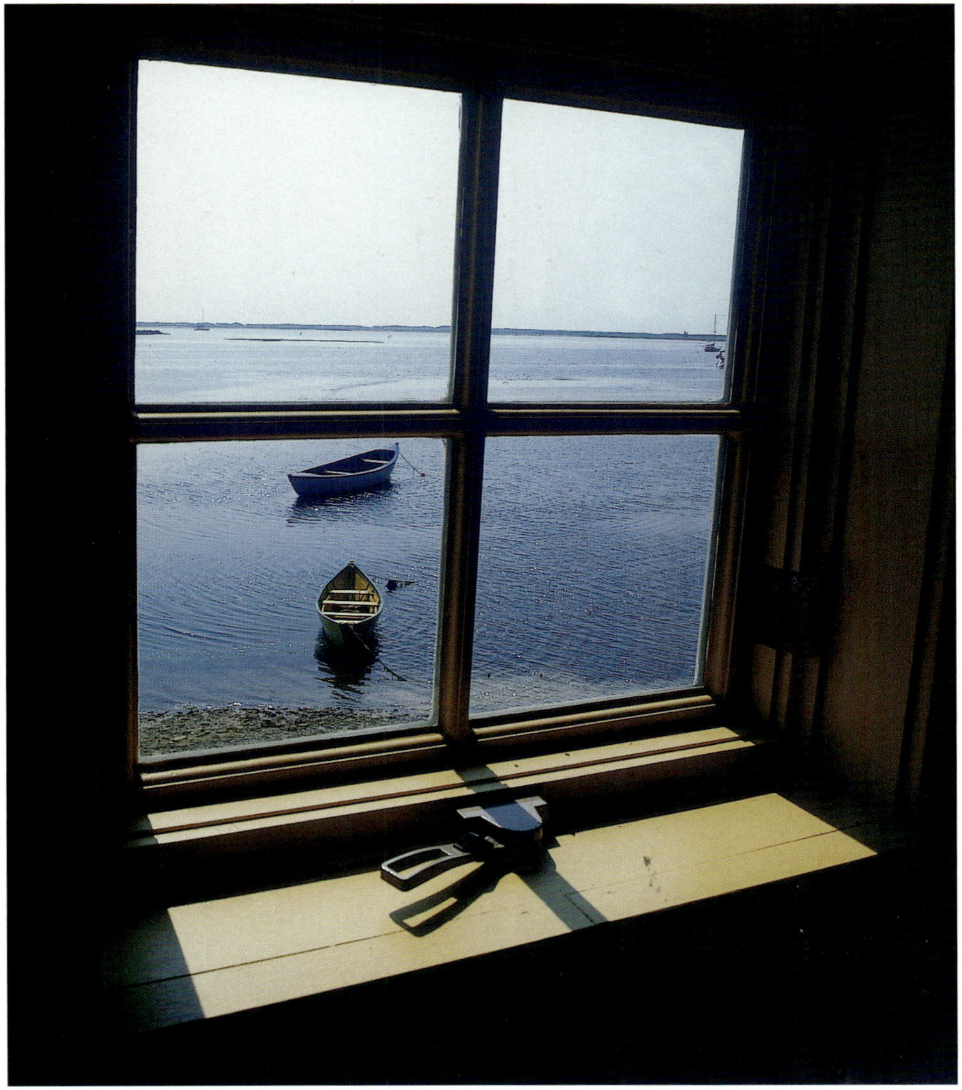

La Grave : D'aucuns laissaient le temps lui-même, celui qui passe comme celui qu'il fait, patiner leurs boiseries et leurs bardeaux.

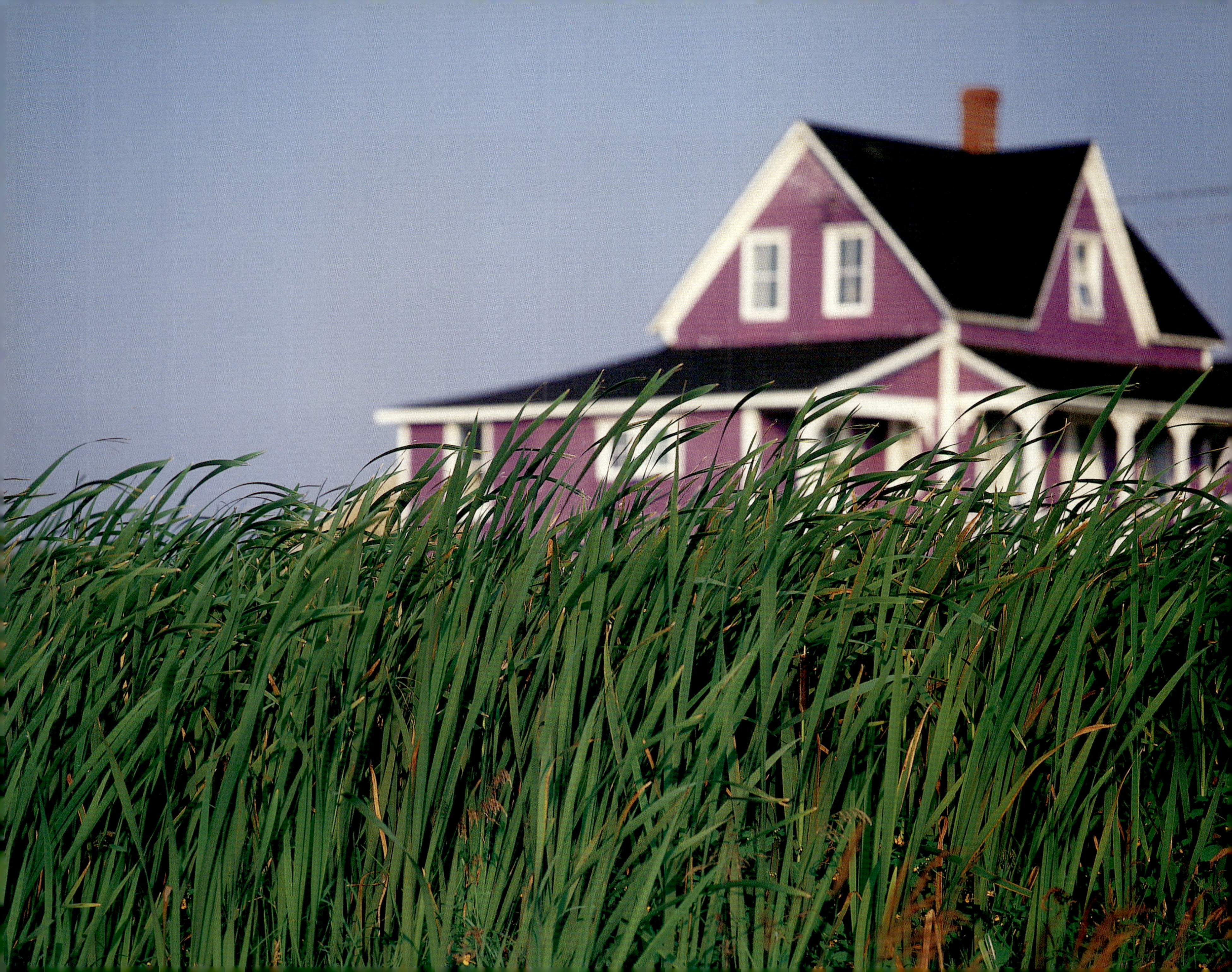

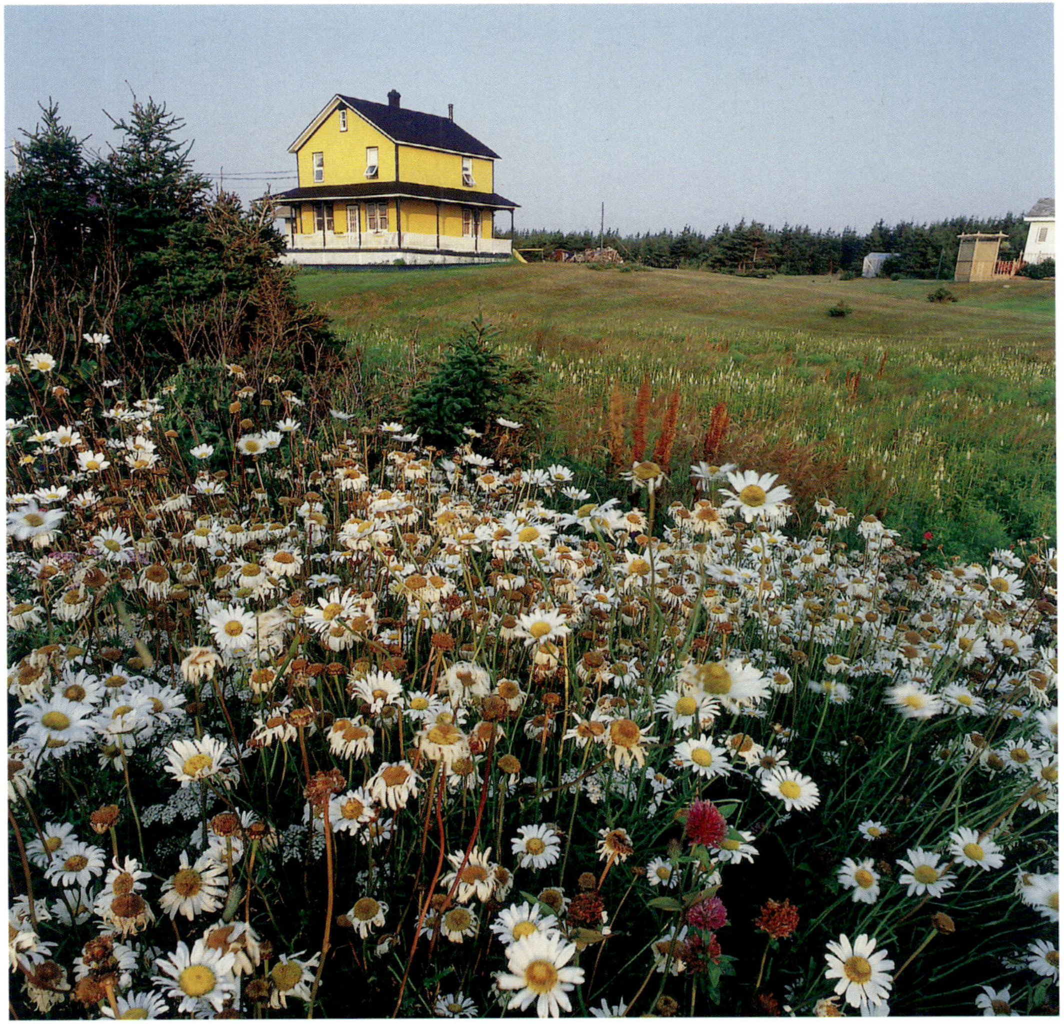

Cap-aux-Meules : Elles firent éclater une symphonie de confetti multicolores dans le paysage de verdeur et de blancheur que sont alternativement les îles selon les saisons.

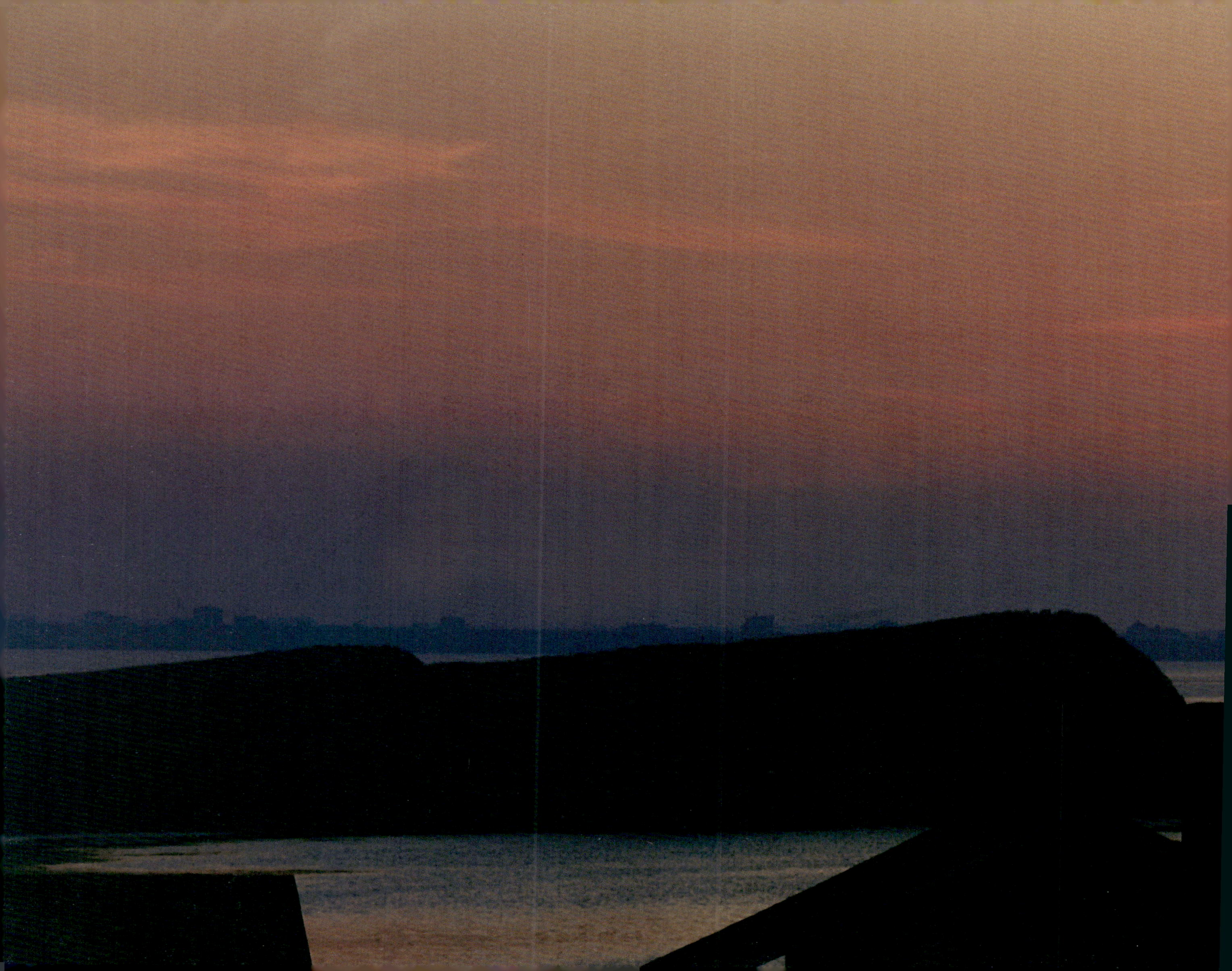

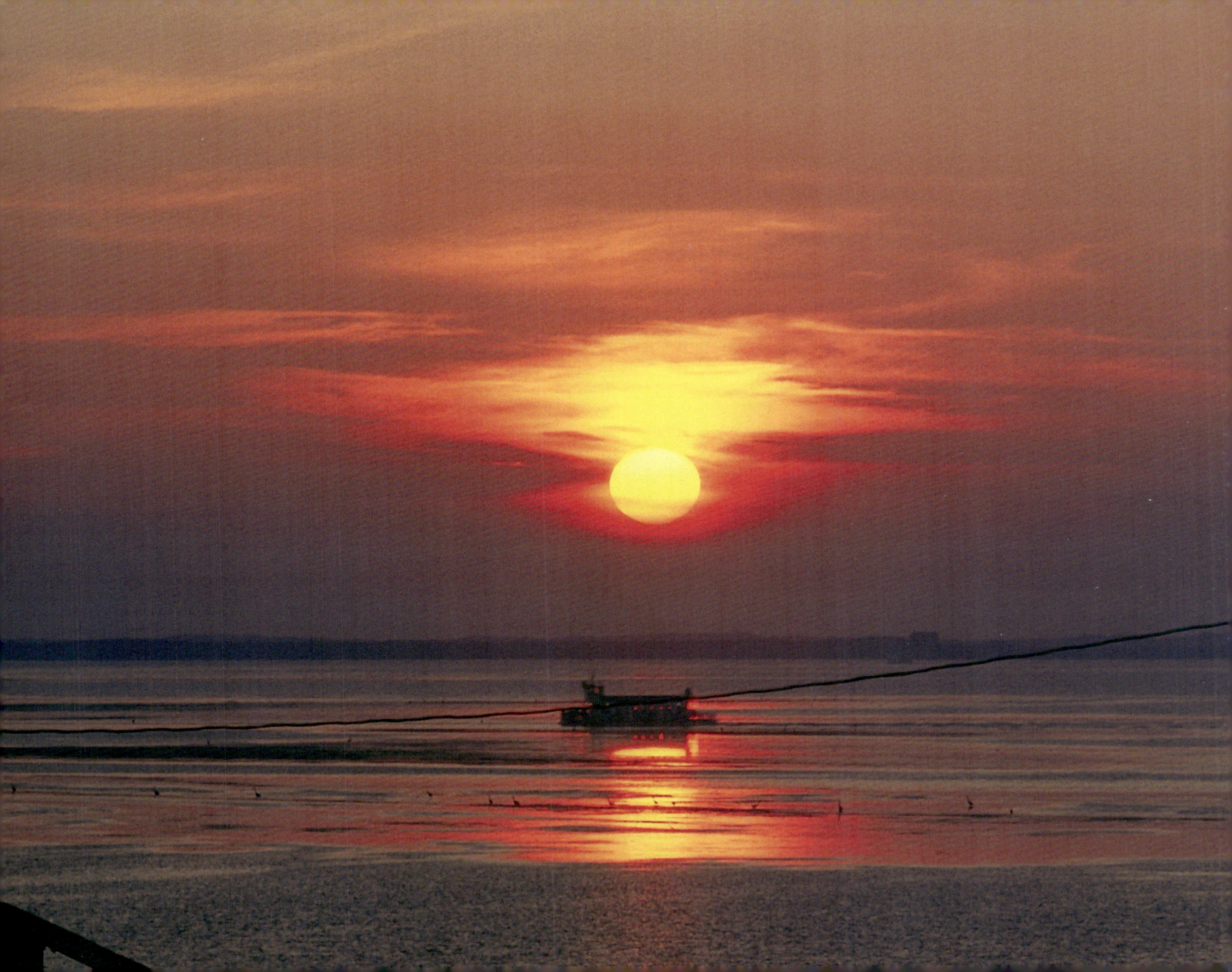

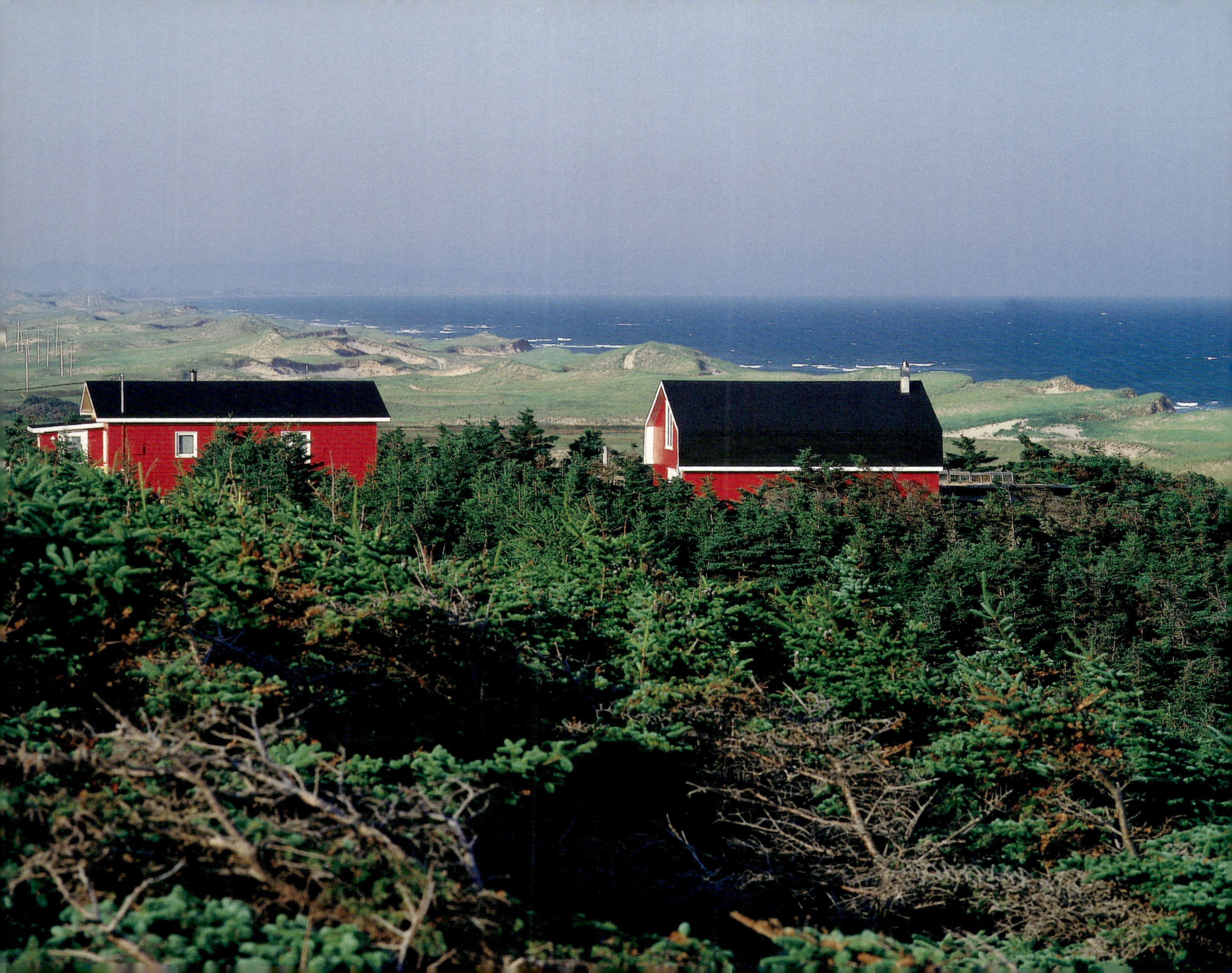

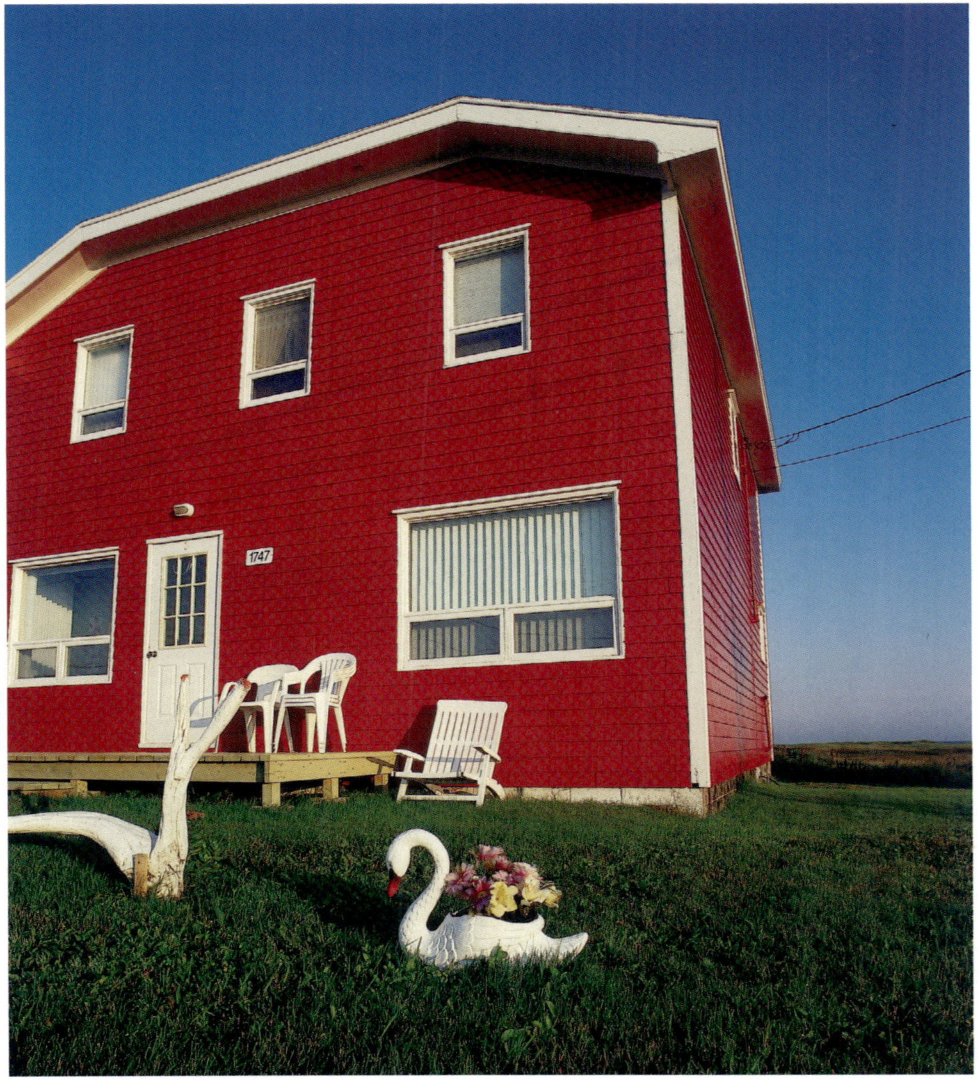

Pointe-aux-Loups : Le choix des couleurs en dit autant sur les goûts de ceux qui l'habitent que sur leur sens civique.

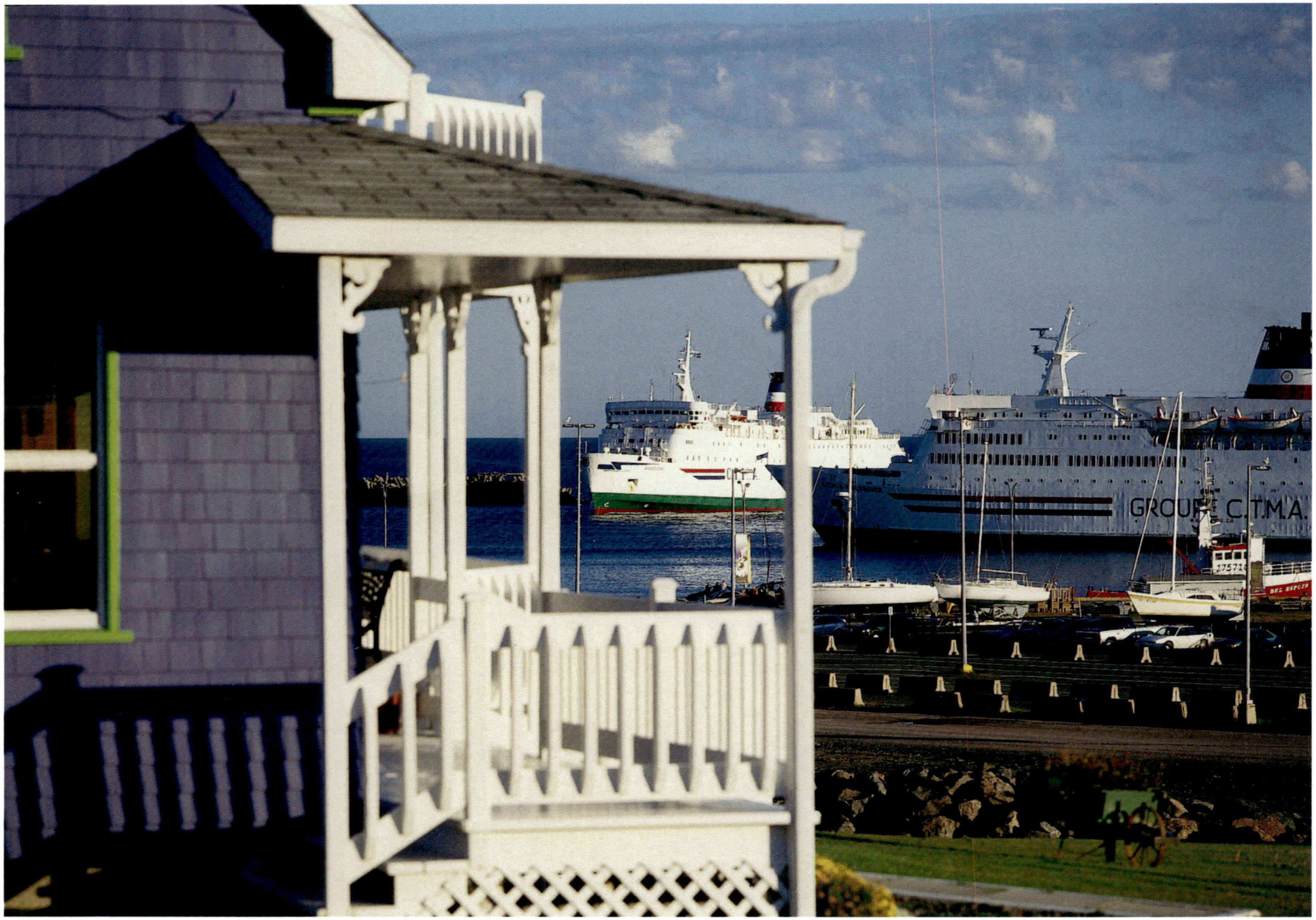

Cap-aux-Meules

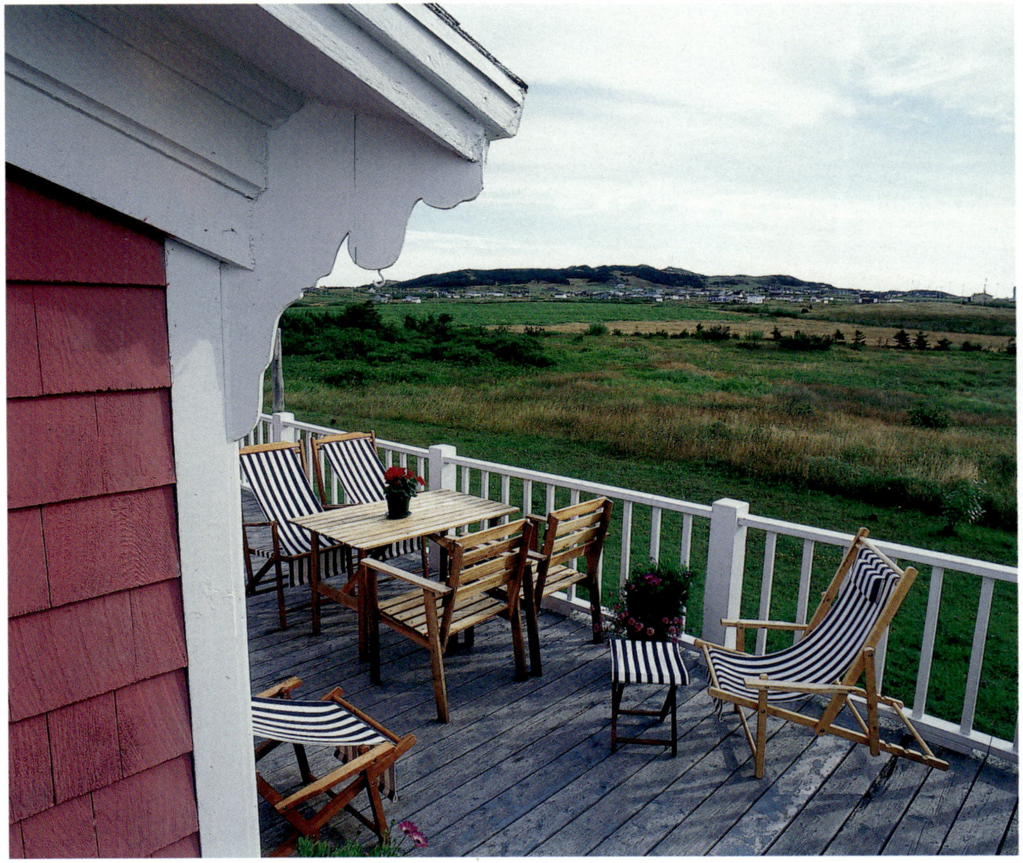

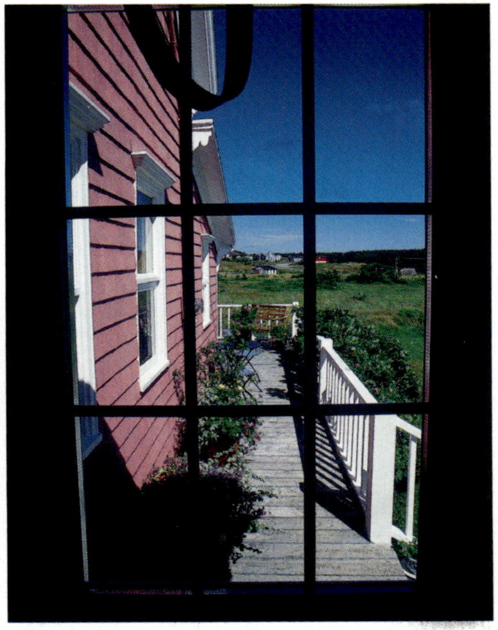

L'Étang-du-Nord : Les corniches, les frises à dentelures, les festons, les meneaux, les mutules en arabesques, les doucines et les cavets…

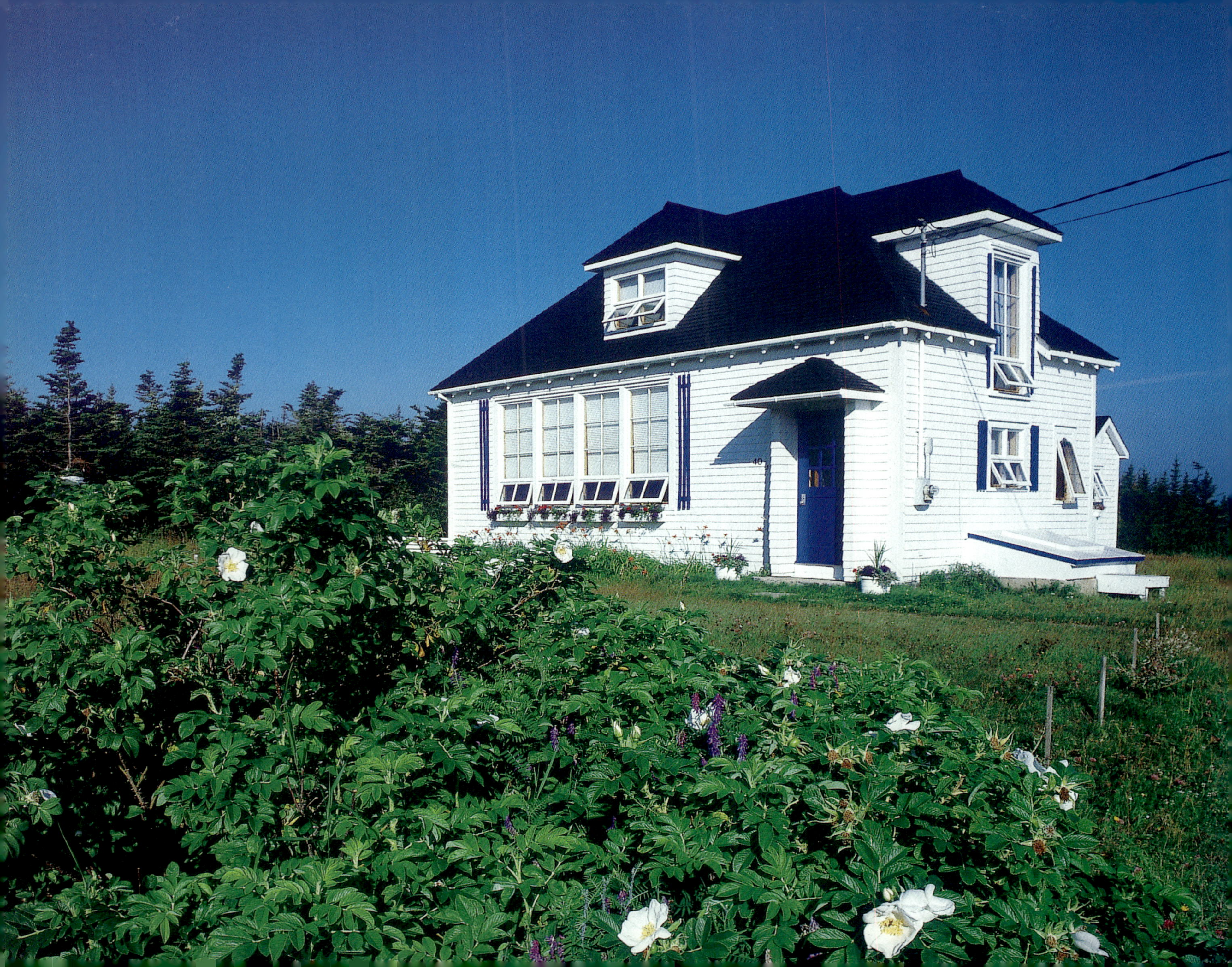

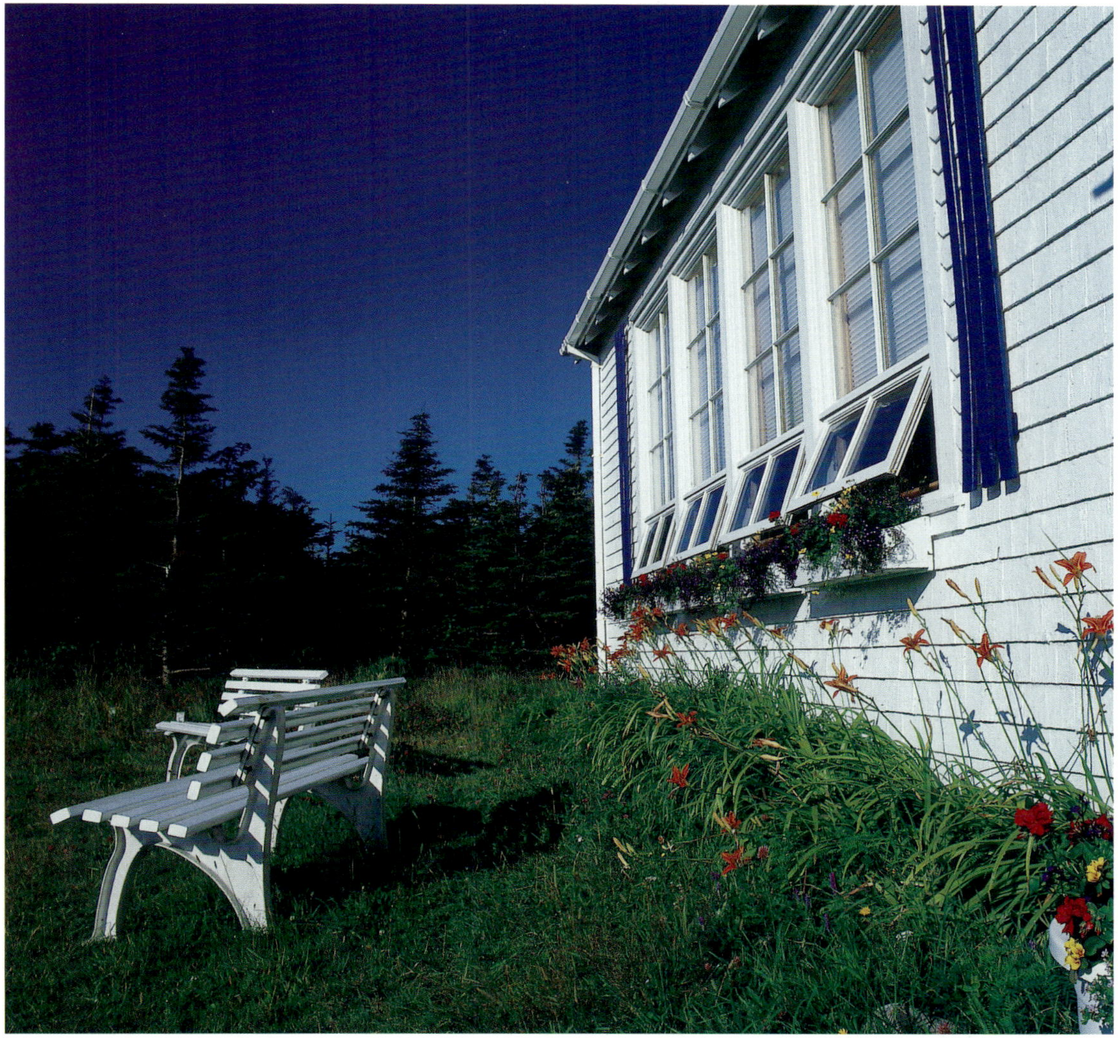

Grand-Entrée : O maisons des îles!

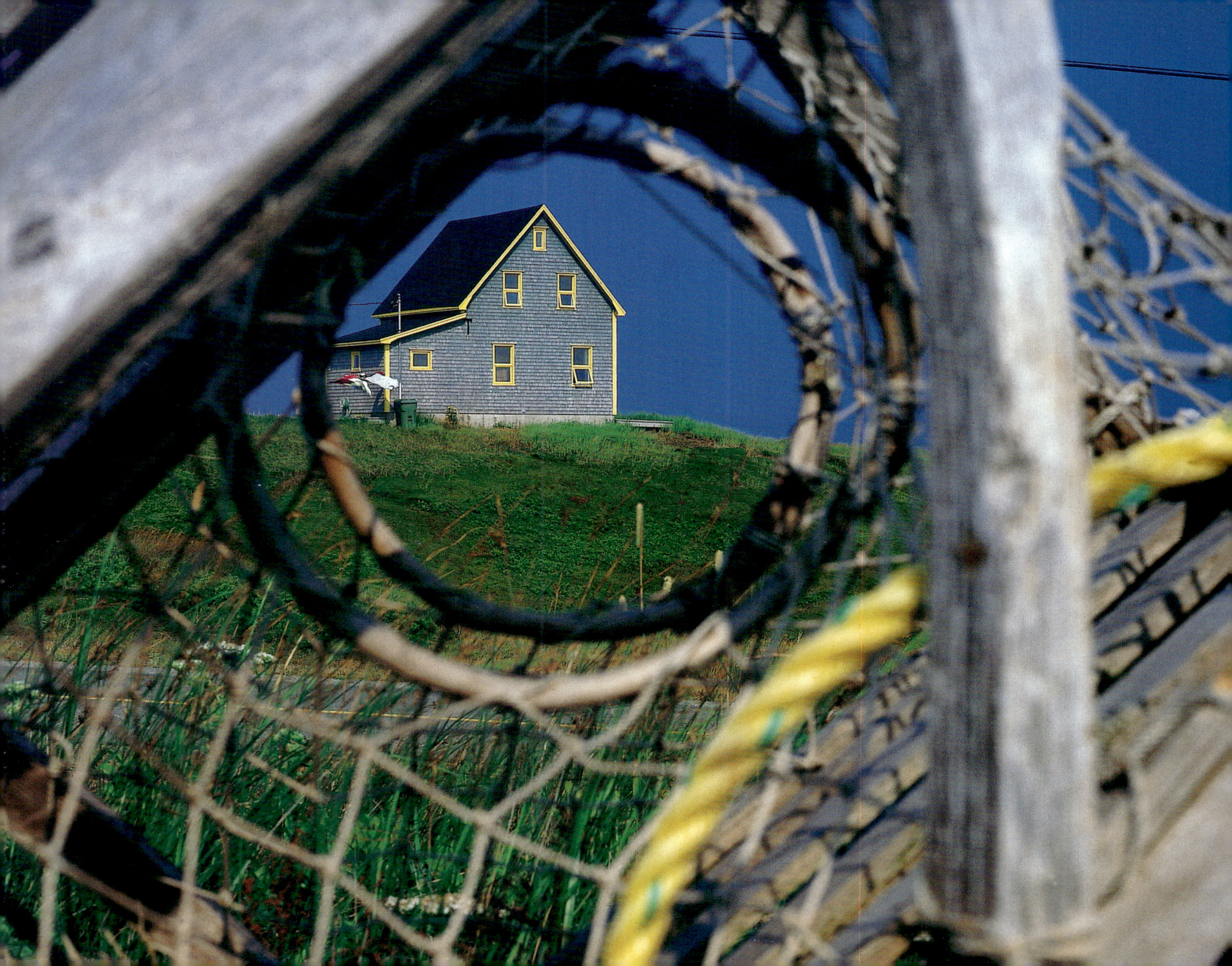

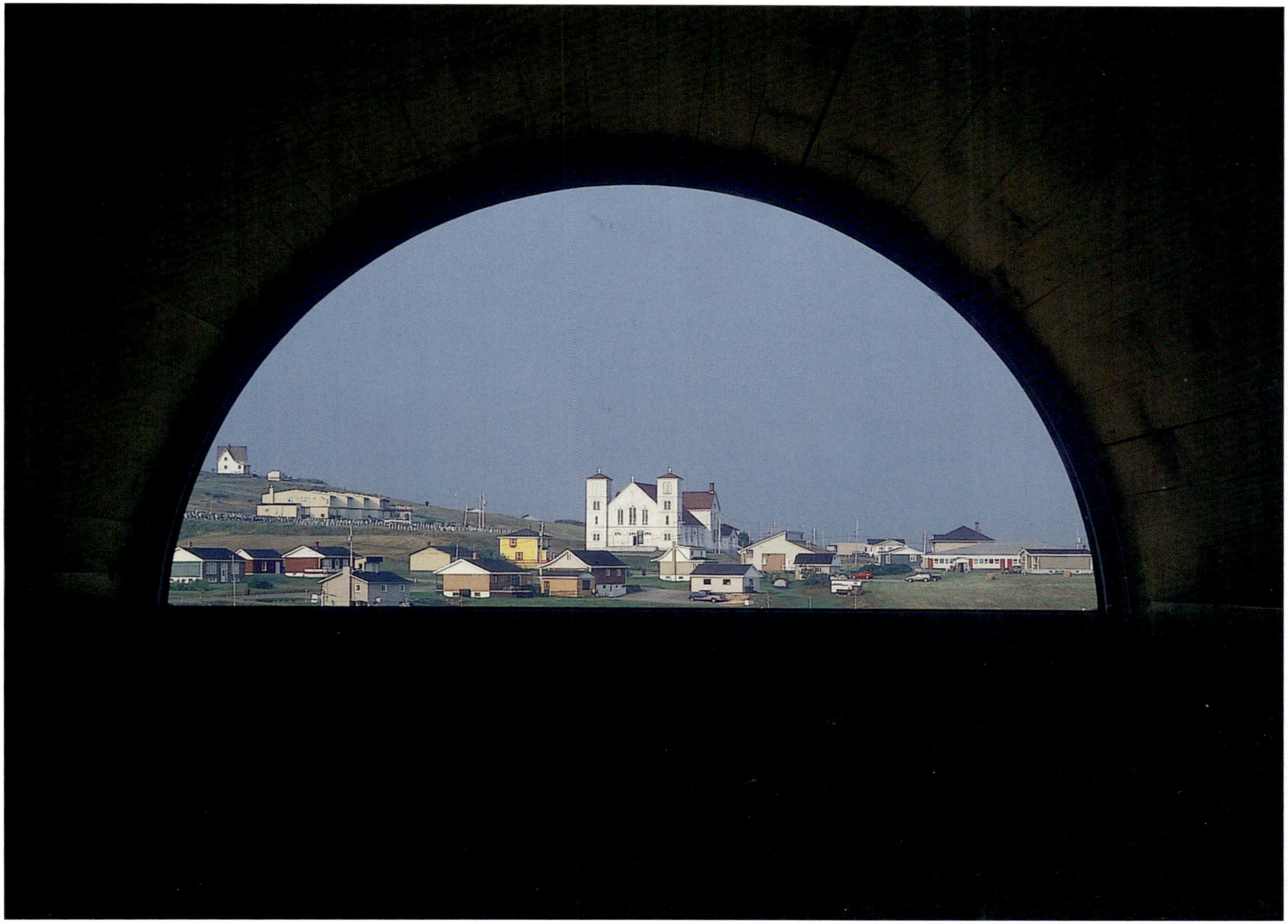

Bassin : Était-ce pour se les rappeler au plus creux des jours sombres de la fin d'automne?

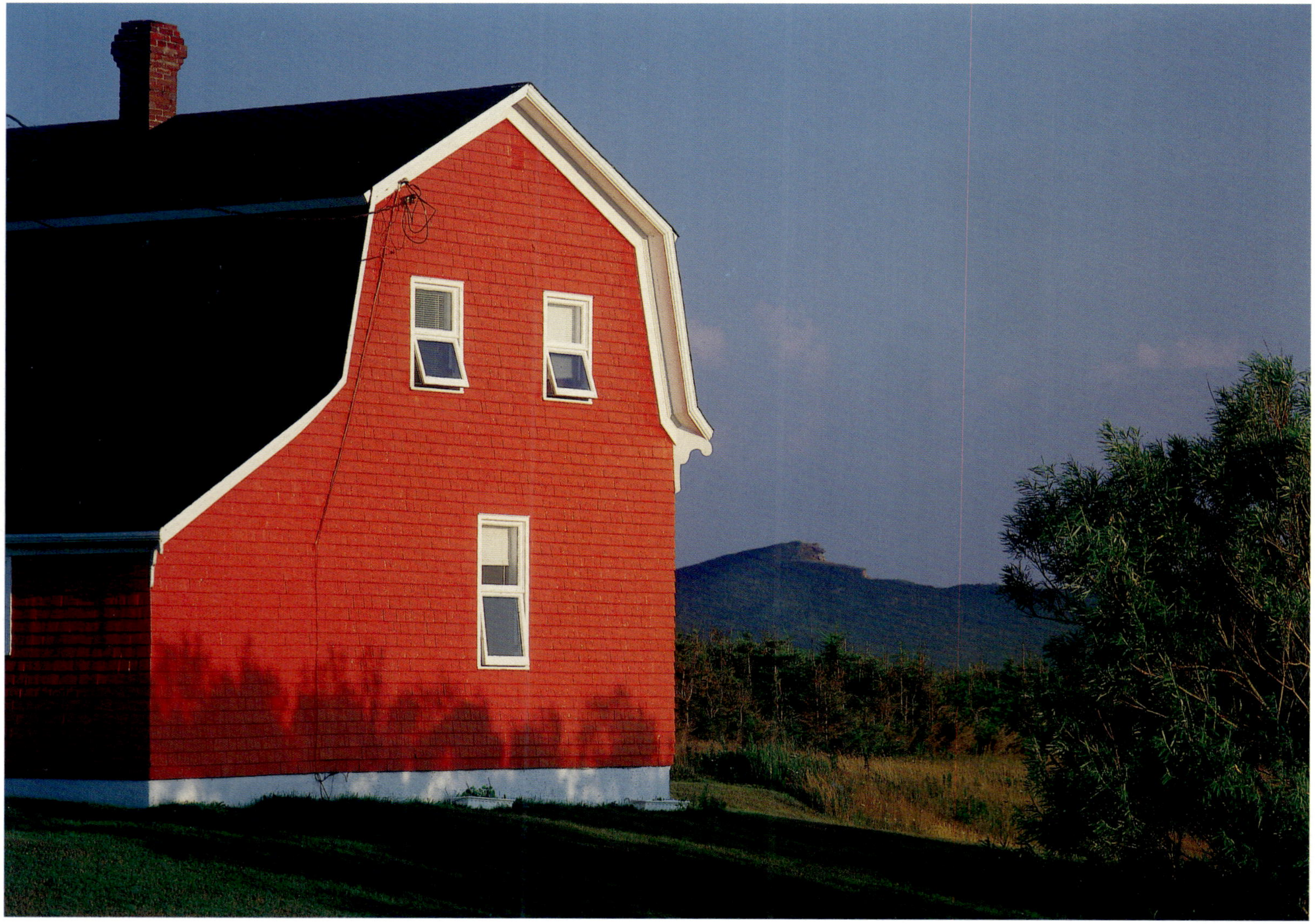

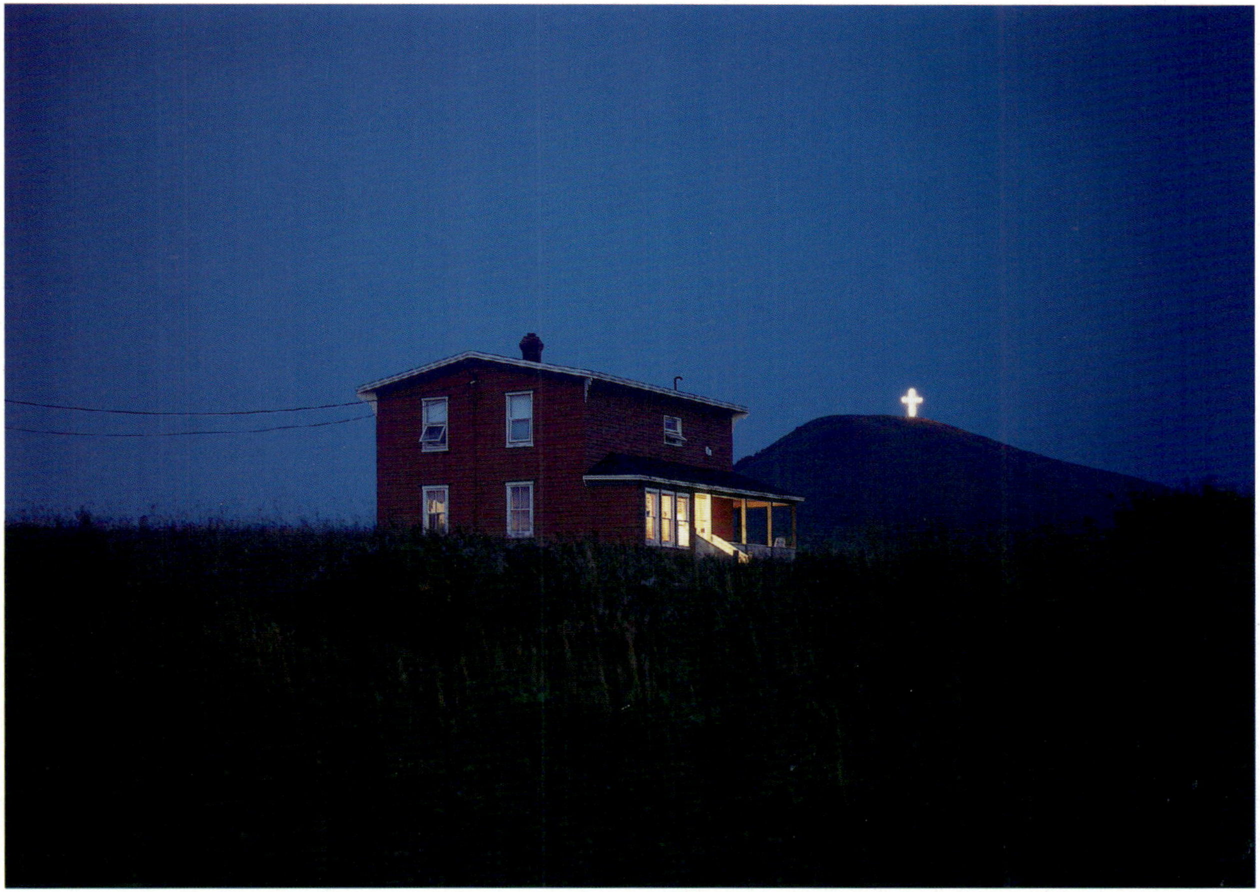

Havre-aux-Maisons : Vous êtes à l'image de ceux qui vous habitent : solitaires, opiniâtres et colorés; et vous êtes aussi un peu leur langage.

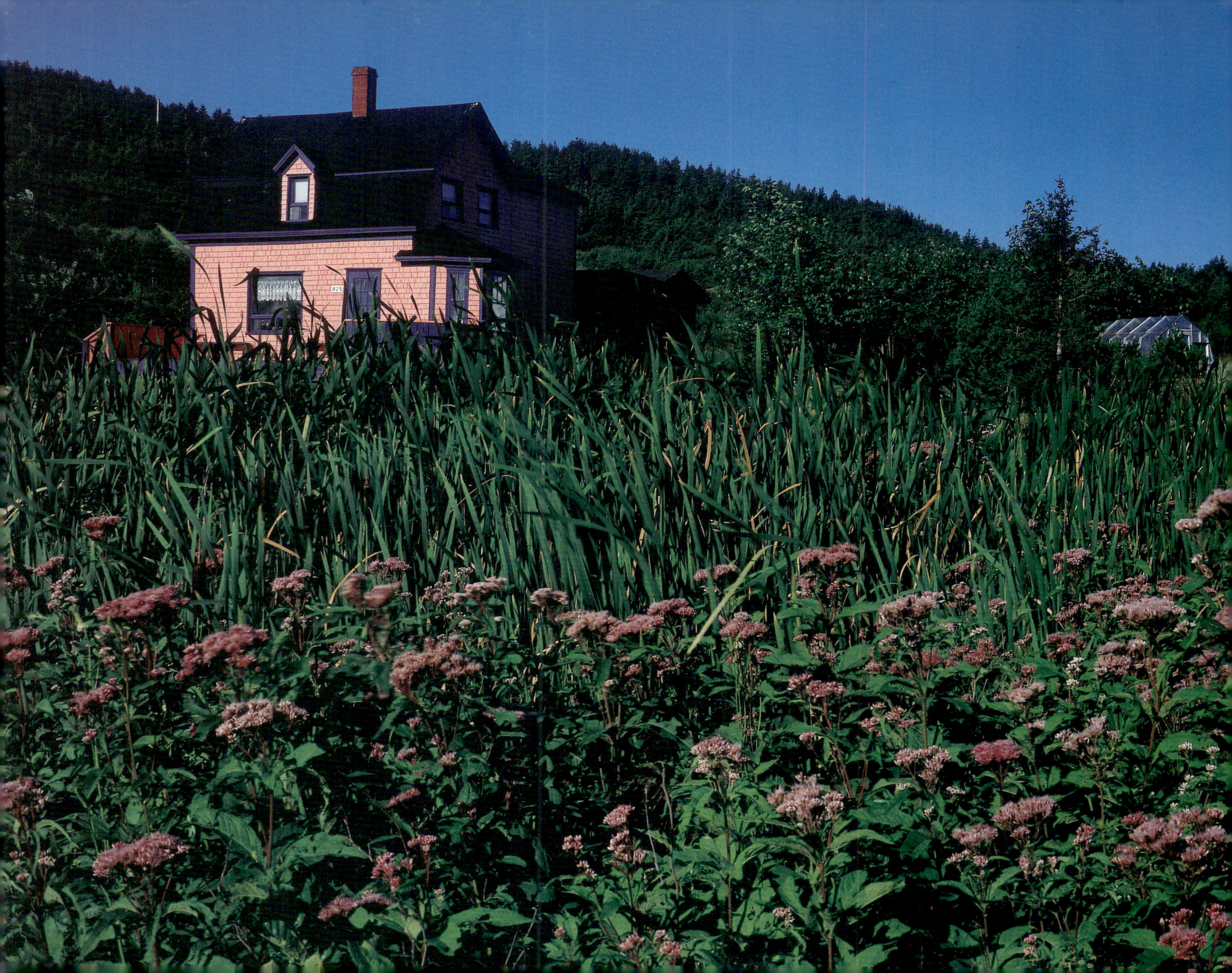

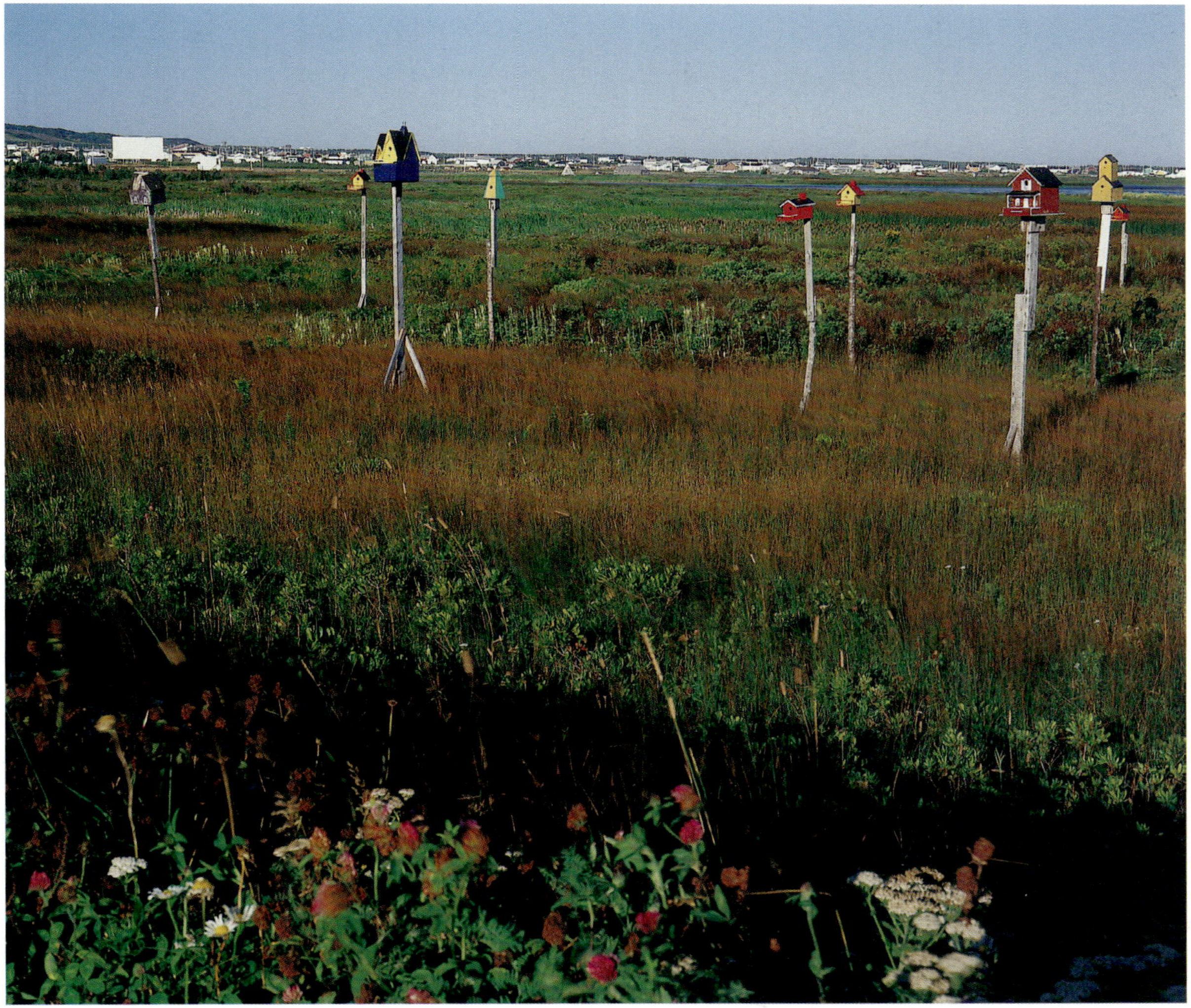

Fatima : ...d'autres maisons font éclater d'autres gammes de teintes, comme pour chanter, même dans la neige, un perpétuel hymne aux fleurs des champs!

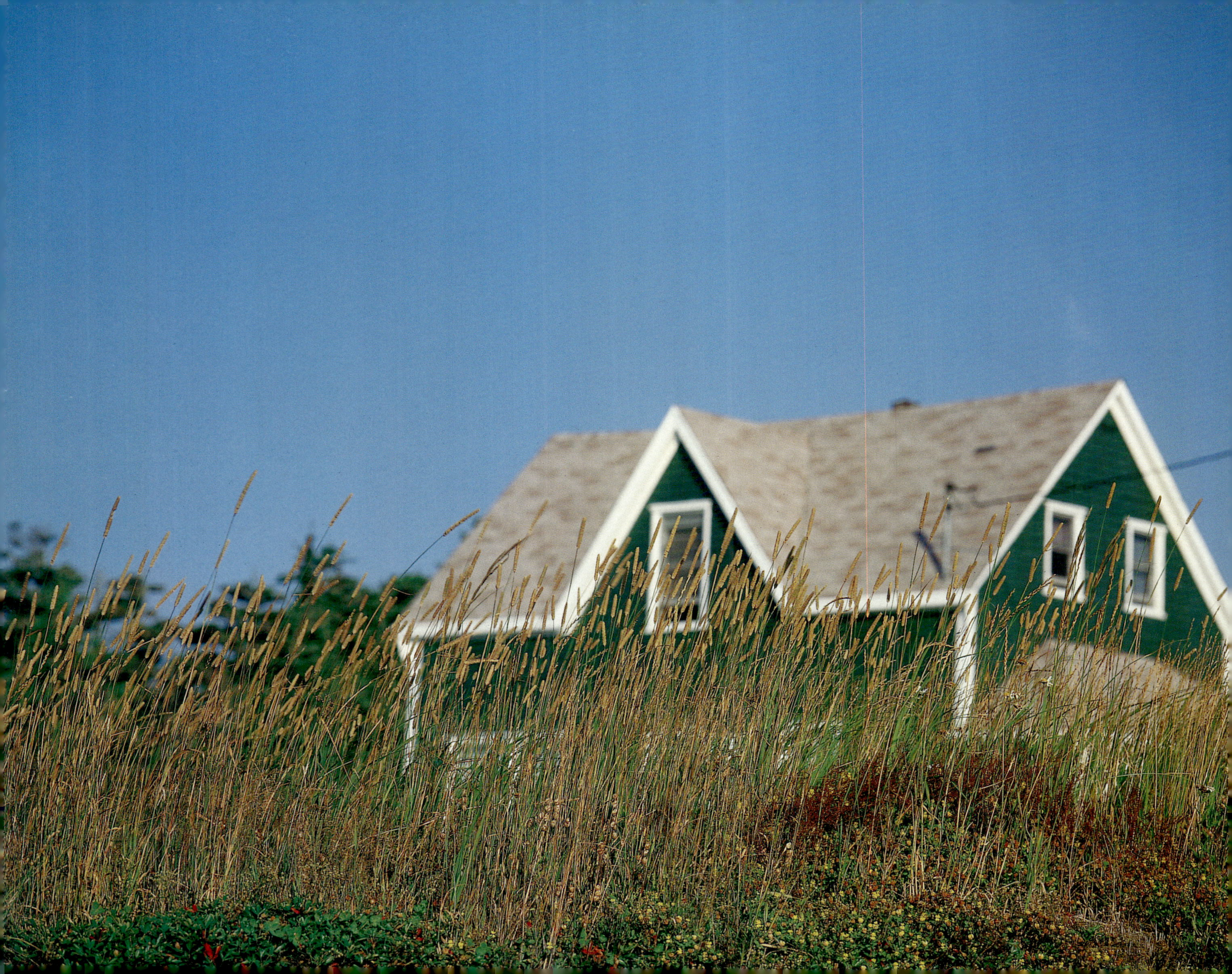

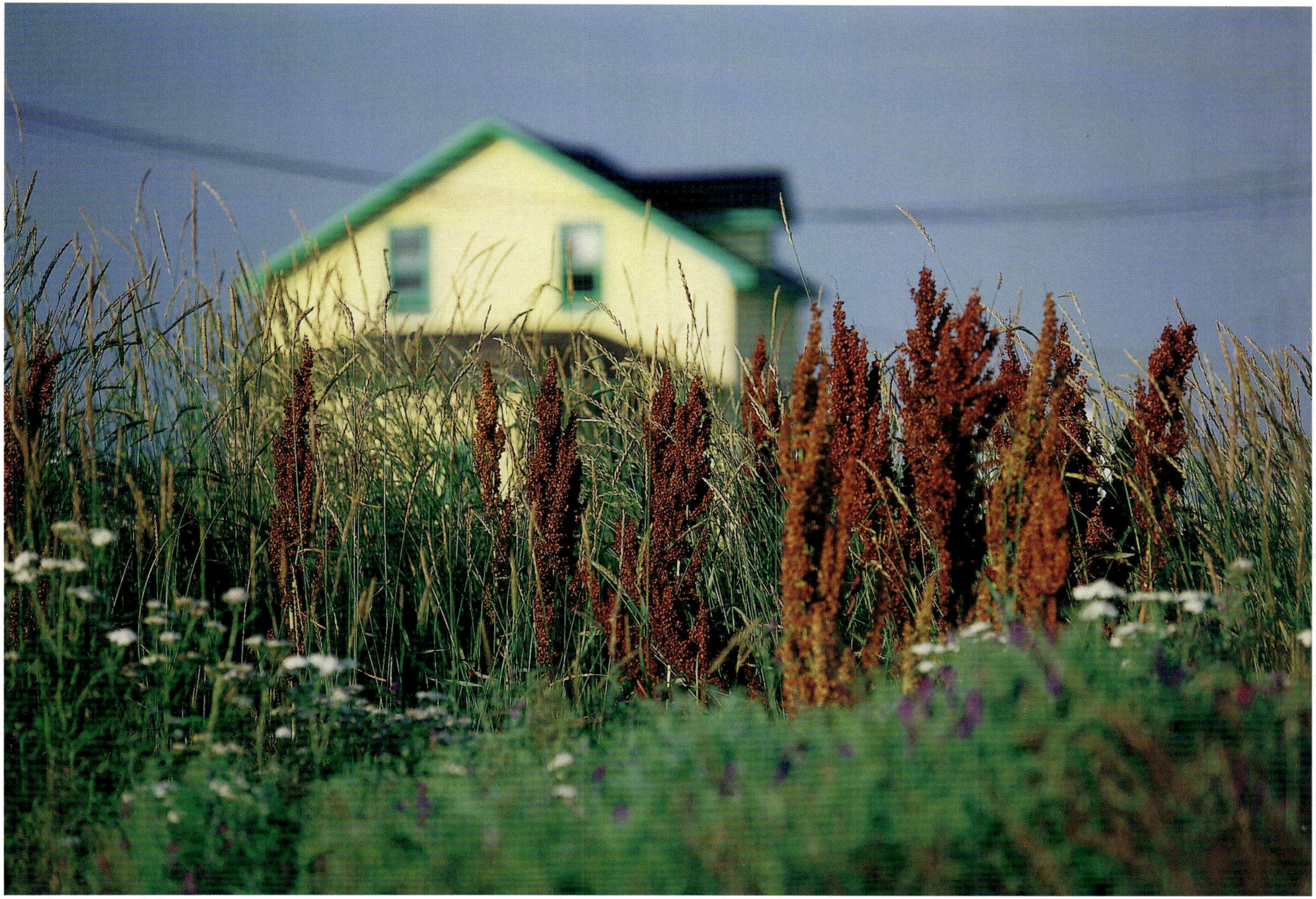

Pointe-aux-Loups : Maisons des îles : poignées de confettis multicolores jetés sur la croupe ondulante des buttes.

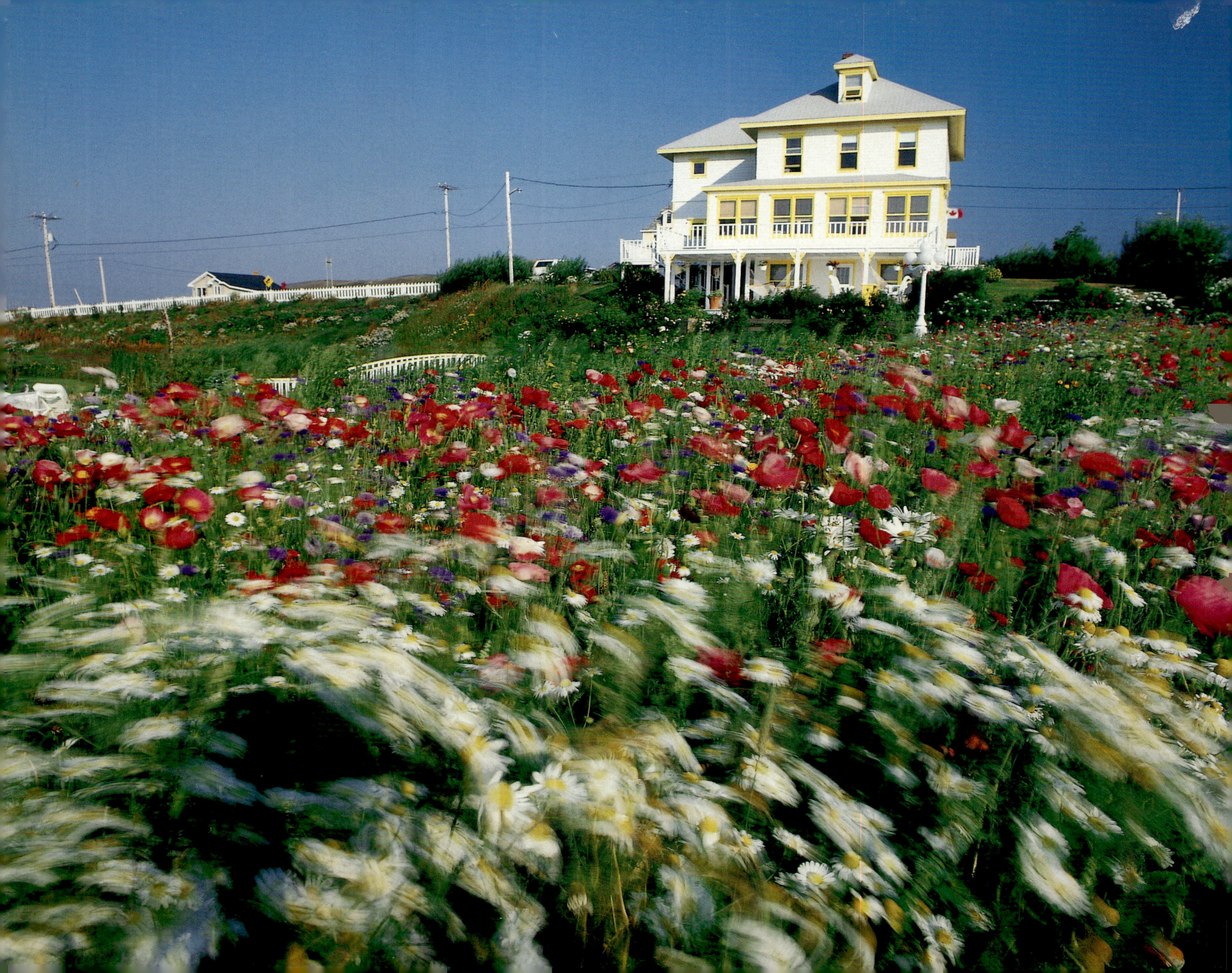

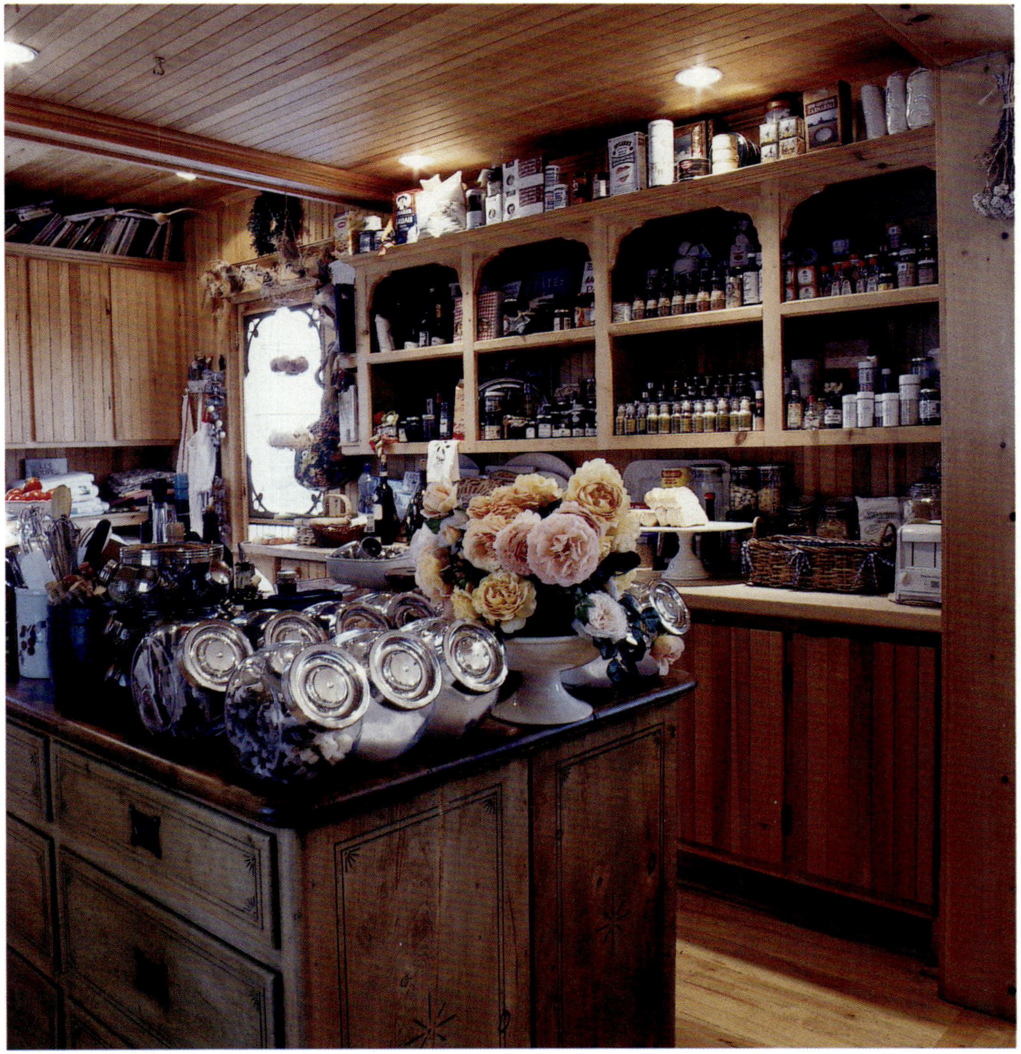

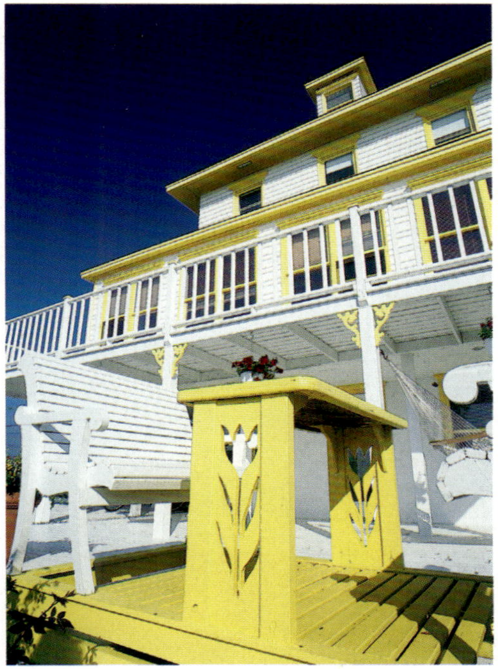

La Grave : Maisons des îles : comme des constellations d'étoiles dans la nuit.

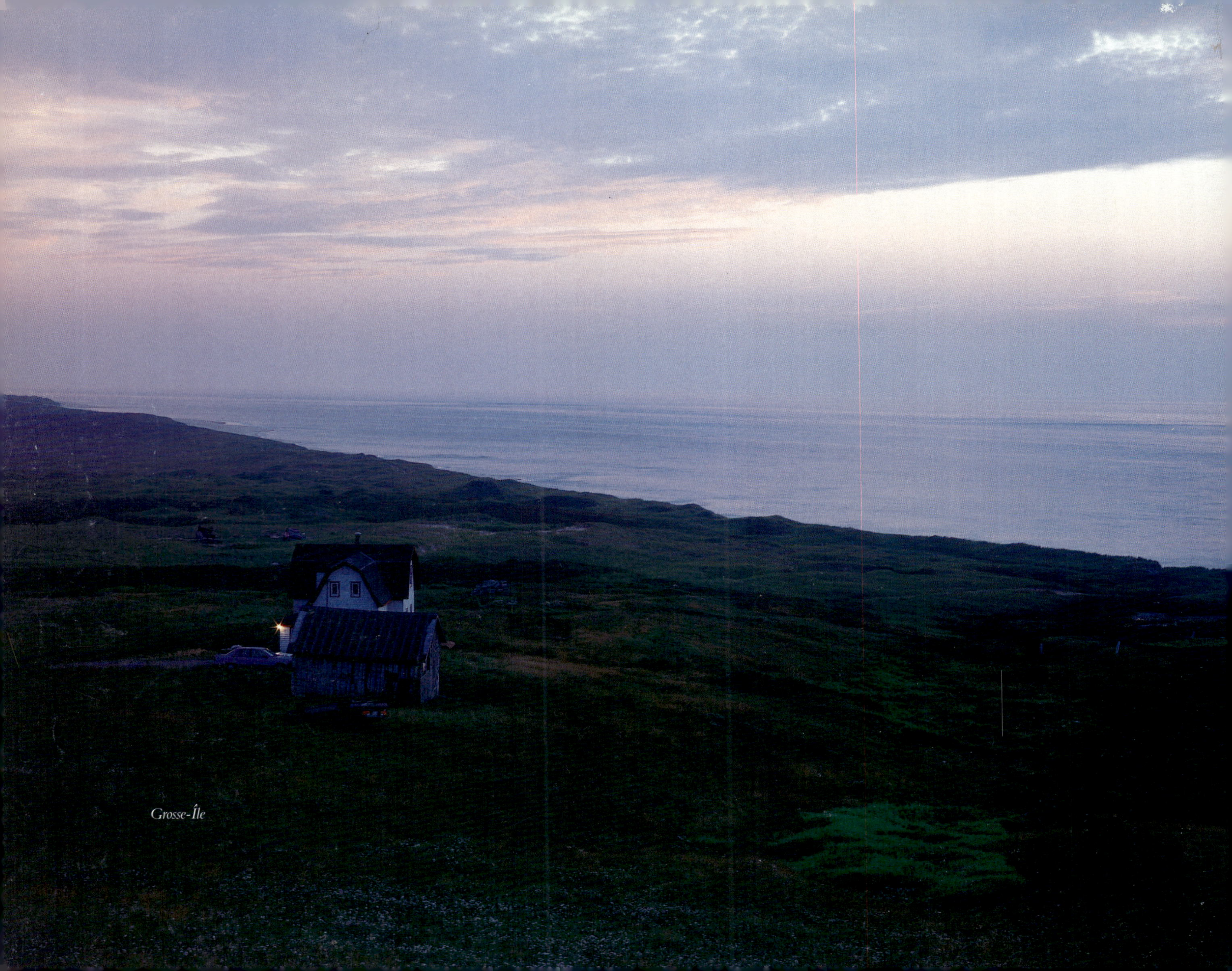

Grosse-Île